QIYUE XUANZE YU NONGCUN TUDI LIUZHUAN MOSHI YANJIU

——JIYU JIAOYI FEIYONG HE NONGHU XUANZE SHIJIAO

契约选择与农村土地流转模式研究
——基于交易费用和农户选择视角

张　溪　著

中国财经出版传媒集团

经济科学出版社
Economic Science Press

图书在版编目（CIP）数据

契约选择与农村土地流转模式研究：基于交易费用和农户选择视角/张溪著．－－北京：经济科学出版社，2022.12

ISBN 978 - 7 - 5218 - 4271 - 5

Ⅰ.①契…　Ⅱ.①张…　Ⅲ.①农村－土地流转－土地制度－研究－中国　Ⅳ.①F321.1

中国版本图书馆 CIP 数据核字（2022）第 214199 号

责任编辑：何　宁　王文泽
责任校对：王肖楠
责任印制：范　艳

契约选择与农村土地流转模式研究
——基于交易费用和农户选择视角
张　溪　著
经济科学出版社出版、发行　新华书店经销
社址：北京市海淀区阜成路甲 28 号　邮编：100142
总编部电话：010 - 88191217　发行部电话：010 - 88191522
网址：www. esp. com. cn
电子邮箱：esp@ esp. com. cn
天猫网店：经济科学出版社旗舰店
网址：http://jjkxcbs. tmall. com
北京季蜂印刷有限公司印装
710×1000　16 开　12 印张　180000 字
2022 年 12 月第 1 版　2022 年 12 月第 1 次印刷
ISBN 978 - 7 - 5218 - 4271 - 5　定价：56.00 元
（图书出现印装问题，本社负责调换。电话：010 - 88191510）
（版权所有　侵权必究　打击盗版　举报热线：010 - 88191661
QQ：2242791300　营销中心电话：010 - 88191537
电子邮箱：dbts@ esp. com. cn）

前　言

　　长期以来，我国的"三农"问题备受关注。解决"三农"问题的关键就是农村土地制度问题。目前，我国农业生产正处于专业化、规模化和市场化不断深入发展的阶段，农民的生活方式和农业的经营方式都发生了转变，在保障农民土地权益的基础上，实现适度规模化的农村土地经营权流转既是我国农村经济发展的必然趋势，也是传统农业向现代农业转变的必然趋势。中国政府对农村土地流转一直持积极鼓励的态度，2005年《关于进一步加强农村工作提高农业综合生产能力若干政策的意见》首次提出农村土地流转的问题，并且提出"工业反哺农业，城市支持农村"，从2005年开始连续18年的中央一号文件都涉及农村土地流转的问题。2015年中共中央办公厅印发的《深化农村改革综合性实施方案》中明确了农村土地产权制度由"两权分离"转变为"三权分置"的政策。党的二十大报告提出："全方位夯实粮食安全根基，牢牢守住十八亿亩耕地红线。深化农村土地制度改革，赋予农民更加充分的财产权益。"（王頔，2022）农村土地经营权流转问题再次成为社会各界关注的焦点。

　　土地是农民拥有的最重要的生产要素，不但承担着养老保障和医疗保障等社会保障功能，同时还承担着就业保障和居住保障等功能。理论上农村土地的流转是通过供求价格、地块数量以及农地面积的调整来实现土地资源、人力资源和资本的最优配置，构建法治化、规范化的完善农地流转市场，提高农地利用率，实现农业规模化效益，实现农民生活水平和收入的增加。为了实现农村土地有序化、规范化、适度规模化的流转，为了实现具有规模效益的现代化农业经营模式和先进农业技术的运用，政府通过稳定土地产权、颁布相应的法律法规、完善流转市场的服务机制等措施积极促进农村土地规模化流转的发展。

但是，在现实生活中，仍有许多问题严重阻碍了适度规模化农地流转的顺利实施。例如，土地经营权分散化和细碎化导致交易费用增加；流转交易双方承担的交易费用不均衡。由于受教育程度、自身谈判能力和接收信息的不均衡等因素的差异，土地的转出方（农民）承担了过高的市场型交易费用，土地的流入方（承租方）承担了过高的管理型交易费用；不完善且发展缓慢的土地流转市场增加了契约的选择难度，使得农地流转仍然表现出低效发展的状态（即使农地流转有多种契约选择的模式，流转交易中没有法律保障且机动性较灵活的口头契约占主要地位），从而加重了交易双方的成本负担。

关于农村土地流转的研究非常多，例如，法经济学对农地地权的探讨、现代经济学对农地市场均衡的探讨、空间计量经济学对农地空间置换的探讨，等等。但仍然有很多问题没有解决，例如，在不同区域位置和环境条件下，农户对农地流转模式的选择是否与交易费用有关？哪些因素影响了交易费用和契约的选择？交易费用的成因和高低是否对契约的选择和后续环节的顺利实施有影响？本书以个体农户进行农地流转的真正目为出发点，通过博弈的分析方法对契约选择和交易费用进行探讨并寻求破解农地流转低效的方法。同时通过对案例地区农地流转模式的系统总结和研究对比，分析交易费用的高低是否影响农户对契约的选择，不同的契约模式通过哪些方面降低了交易费用，从而实现农地制度改革理论与实际的密切关联。这些研究不仅丰富了农地流转模式的理论研究，而且对农地集中规模化的流转有一定的指导意义。

本书通过对中国农村土地流转制度变迁和实现状况的分析，探索出农地流转制度变迁的一般规律：农村土地流转与社会生产力的发展水平相一致；政府作为农地流转制度的决定性主体的作用不可替代；农地流转模式的创新和多样化均以实现农地规模化效益和增加农民收入为侧重点；农地流转模式的创新应该充分考虑土地资源条件的约束；农地流转模式的创新应该充分重视流转市场等配套设施的完善。通过探讨研究交易费用和不同契约对中国农村土地流转模式的发展影响，发现交易费用的高低差异以及不同的契约形式直接制约了农户选择农地流转模式的行为，书中采用交易费用的衡量标准对农地流转模式和契约形式进行判断选择，与全国各地农地流转模式中的典型性实例相结合进行研究分析，提出了农地集中流转模式。主要内容分为七章：

第 1 章是导论。首先阐述研究背景，提出问题，然后明确研究的意义、研究方法，说明研究结构与主要内容，并进而提炼出本书的创新与不足。

第 2 章是文献综述。对国内外有关农地流转的学术文献和研究现状进行梳理与总结，发现国内外学术界对土地流转问题进行了较为深刻的研究，还有很多理论突破以及研究方法的创新，提出了很多启迪性的观念和思路，为本书提供了坚实的学术研究基础和成功的研究范式参考。

第 3 章是改革开放后农村土地制度的变迁和土地流转的现实状况。在阐述中国农村土地产权制度改革的基础上，通过梳理土地流转制度的变迁和实践，分析土地流转中存在的问题。

第 4 章是交易费用、契约选择与农地流转模式。通过对比土地流转过程中产生、涉及的交易费用，认为市场型交易费用影响了农户对土地流转模式的选择；管理型交易费用和政治型交易费用影响了新型经营主体与中介机构的执行和实施；政治型交易费用与当地政府的政策制度、财政支持有密切联系。

第 5 章是交易费用与农户选择不同流转模式的博弈分析。运用博弈模型分析发现，土地流转主体的变化造成交易费用的改变，交易费用的高低影响农户对流转模式和流转交易中契约的选择。

第 6 章是案例实证：以滕州模式和东平土地入股合作社模式为案例。验证了中介机构的引入降低了农户与新型经营主体之间进行土地流转交易时的交易费用，提高了契约执行的可行性。

第7章结论、政策建议与有待进一步研究的问题。

本书系统和全面地从农户的流转决策、农地的交易过程等方面探讨农村土地流转模式的改进方向，为健全我国农村土地流转机制，协调交易双方利益分配提供决策参考。研究结果有助于我们进一步思考农村土地流转的限制因素，从交易费用和农户选择的视角探讨流转模式的创新。

由于作者水平有限，疏漏之处恳请读者批评指正。

张溪

2022 年 10 月

目　录

第 1 章

导　　论

1.1　研究背景及问题提出

1.1.1　研究背景

中国是个农业大国，自古就有"以农治国"的传统，"三农"问题始终是国家高度关注的问题，是国民经济的基础。由于农村地区的医疗、卫生、教学以及道路建设等公共基础设施极为简陋、甚至严重不足，城乡差距不断扩大，"三农"问题在很长的一段时间里都是一个比较突出的问题。目前，我国正大力推进社会主义新农村建设，其中，党的十八大报告强调了："解决好农业农村农民问题是全党工作重中之重。"（人民网—人民日报，2012）党的二十大报告强调："深化农村土地制度改革，赋予农民更加充分的财产权益。"因此，"三农"问题的破解已经成为重大的研究课题，而解决"三农"问题的核心仍然是农村土地问题。土地是农业生产经营过程中最基本的生产资料，是农民最靠得住的生存保障，而农村土地的流转更是当今土地制度及其变化的焦点。

新中国成立之前，中国有 10% 的农户没有耕地，56% 的农户是半自耕、半租佃或租佃（Buck，1937），农民生活非常贫困。新中国成立后，中国共产党采取强制性制度变迁的办法施行土地改革，1.06 亿少地无地农民获得了重要的生产资料——土地，实现了耕者有其田。根据《中国统计年鉴》数据显示，土地改革后 1949 年农业总产值达 326 亿元，人均国民收入为 69.24 元；1952 年农业总产值增加至 484 亿元，人均国民收入增加至 104 元。1953 年开展实施的农业合作化运动，形成了"公有公用，不可流转"的农地秩序，严重挫伤了农户的生产积极性，1952~1957 年的农业总产值年均增长率从 1.66% 下降至 - 0.19%（刘守英，2013）。1978 年实行的以家庭联产承包责任制为核心的土地制度改革，促进了农业生产率的快速增长，调动了农民生产经营的积极性，提高了农村土地的利用率，其主要成就在于个体农民重新得到了土地生产自主权和处置权。家庭联产承包经营责任制的实施符合了当时生产关系适应生产力发展需求的客观要求，被认为是 20 世纪后期最成功的经济改革制度之一（林毅夫，2008），是我国农村经济增长以及结构变化的重要制度基础（黄少安、刘明宇，2006）。

改革开放后，伴随中国工业化的加速发展以及城镇化的迅速推进，农业绩效的增长速度逐渐放缓，农产品的净收益下降，造成农村土地流转的现象越来越频繁；农村大量的青壮劳动力离开故土进城务工也为农地的流转创造了客观条件。然而，农村青壮劳动力的转移和农户家庭非农收入比例的增加，导致农户对土地投入的积极性下降，大量农地被撂荒的现象日益严峻，以家庭为单位的分散经营又使得农地分割细碎、农地耕种规模小；增多的地界地埂不仅影响土地资源的有效利用，而且影响了农户的生产、管理和灌溉。一部分农民希望有更多的时间外出务工因而暂时不耕种农地或放弃耕种；另一部分农民则希望获得更多的农地进行耕种。所以，在农村土地资源稀缺、农业生产经营日趋弱化的现状下，以家庭联产承包责任制为核心的农村土地分配方式与市场经济发展之间的矛盾日益显著，越来越无法适应以市场化、集约化、规模化和现代化经营为主要特征的现代农业发展的需求，降低了农地资源配置的效率。如何在切实保护农民土地权益的基础上将农户与土地的生产潜力挖掘出来、充分释放其积极性和活力，以此实现农地适度规模化经营，从而解决农地分割细碎化、提高农地利用率、增加农民的耕种积极性，就成为现代农业发展过程中亟须解决的问题之一。

1.1.2　问题提出

农民个体对土地流转形式的选择实际就是对各种契约形式的比较与选择。中国农村土地流转的模式，主要包括出租、互换、转让、转包、股份合作制以及土地银行①。小范围区域性的农户之间进行的土地流转行为多以转包、转让和互换为主，这类流转模式支付的交易费用较低，由于受到地域限制，农户之间的诚信度和奖罚机制自发形成的监管制度也在无形中减少了交易费用，是现今中国农村最常用的流转模式。但是这类流转模式多以农户间的口头契约为主，直观来看是农户减少了所需支付的交易费用，却加重了农地的细碎化，不利于农业规模化、现代化和机械化的发展。股份合作制和土地银行符合了现代农业规模化的生产发展需要，均以书面契约形式为主，降低了风险性、不确定性和交易费用，但是却受到地理位置和村庄自身经济发展现状的影响。这类流转模式多在经济发达、农资条件较好、方便引进企业和外资的村庄实施，而严苛的条件影响了农户对土地流转契约的选择。

契约的不完全性和违约的风险性是否影响着农地流转模式的选择？农地流转模式又有哪些新变化？对契约形式有哪些不同的要求？现有的契约形式是否满足农地流转模式多样化的发展？交易费用是否会影响农户对契

---

① 土地银行又称土地流转信托，是指在坚持土地集体所有制和保障农民承包权的前提下，由政府出资设立的信托中介服务机构接受农民的委托，按照土地使用权市场化的要求，通过规范的程序将土地经营权在一定期限内依法、有偿托转给其他个人或单位的行为。大部分的土地流转信托年限在 30 ~ 50 年。

约形式和流转模式的决策选择？本书将从农户自身角度出发，通过对农地流转模式、交易费用以及契约选择形式研究，从而达到降低交易费用的目的。

1.2 研究的意义

1.2.1 现实意义

土地制度对中国农村经济的发展起着至关重要的影响，目前，中国农村土地制度是以家庭联产承包经营为基础、统分结合的双层经营体制；鉴于农村土地的分散化生产经营和细碎化，农地资源无法实现最优配置。而土地的流转却是具有交易收益效应的（Besley，1995），土地流转不仅可以实现农业产业化、规模化和现代化发展，促进农地资源的优化配置，构建完善的农地流转市场机制；而且有利于外出务工的农民和从事纯农业生产的农户增加经济收入、提升劳动生产率。可是在现实生活中，即使农地流转中有多种契约模式，流转交易仍然表现出低效发展的状态，其原因就是对契约选择和交易费用的忽略。本书通过对案例地区农地流转模式的高度总结和研究对比，分析了交易费用的高低是否影响农民对契约的选择，不同的契约模式通过哪些方面降低了交易费用，从而有助于农地制度改革理论与实际的密切关联。

1.2.2 理论意义

关于农村土地流转的研究非常多，例如，法经济学对农地地权的探讨、现代经济学对农地市场均衡的探讨、空间计量经济学对农地空间置换的探讨等。在不同区域位置和环境条件下，农民对土地流转模式的选择是否与交易费用有关？哪些因素影响了交易费用和契约的选择？交易费用的成因和高低是否对契约的选择和后续环节的顺利实施有影响？本书从个体农民进行土地流转的真正目的探讨出发，通过博弈的分析方法对契约选择和交易费用进行探讨，寻求破解农地流转低效的方法。这不仅有利于实现土地集中规模化的流转，还丰富了土地流转模式的理论研究和创新研究，增强理论的针对性、实践性和创新性，这也正是本书重点研究的问题。

1.3　研究方法

从中国国情出发，运用制度经济学、契约理论与博弈论等基本理论和分析工具，着重探析交易费用与契约选择对农户选择不同农地流转模式产生的影响，以及农地流转模式的创新研究。

1. 博弈分析方法

运用博弈分析方法，将农户选择农地流转模式时博弈双方或多方对交易费用和契约选择进行博弈，通过探寻策略选择和博弈均衡结果总结经济意义和效率意义；提出降低交易费用的建议措施。

2. 理论与典型案例相结合的研究方法

以契约理论和交易费用理论为理论基础对农地流转模式进行探讨和创新，通过梳理中国农村土地流转的发展史以及对农地流转模式典型案例的探讨和科学的理论剖析，从中探寻农地流转的一般规律，并总结经验，找出主要问题及其根源以及对该问题进行解析，以此构建适合当今中国农村发展趋势的流转模式，提出具有建设性、前瞻性的意见和对策。

3. 历史研究法

通过梳理改革开放后中国农村土地产权制度的发展历史和农村土地流转的历史变迁，从实践经验和历史教训中找出问题所在，阐明土地产权制度是农村土地经营权流转的基础。

1.4　研究结构与主要内容

通过探讨研究交易费用和不同契约对中国农村土地流转模式的发展影响，发现交易费用的高低差异以及不同的契约形式直接制约了农户选择农地流转模式的行为，书中采用交易费用的衡量标准对农地流转模式和契约形式进行判断选择，通过与全国各地农地流转模式中的典型性实例相结合进行研究分析，提出了农地集中流转模式。本书共七章，具体章节及主要内容安排如下：

第 1 章是导论。首先阐述研究背景，提出问题，然后明确研究的意义、研究方法，说明研究结构与主要内容，并进而提炼出创新与不足。

第 2 章是文献综述。通过对国内外有关农地流转的学术文献和研究现状进行梳理与总结，发现国内外学术界对土地流转问题进行了较为深刻的研究，还有很多理论突破以及研究方法的创新，提出了很多启迪性的观念和思路，为本书提供了坚实的学术研究基础和成功的研究范式参考。

第 3 章是改革开放后农村土地制度的变迁和土地流转的现实状况。在阐述中国农村土地产权制度改革的基础上，通过梳理农地流转制度的变迁和实践，分析土地流转中存在的问题。

第 4 章是交易费用、契约选择与农地流转模式。通过对比土地流转过程中产生、涉及的交易费用，认为市场型交易费用影响了农户对土地流转模式的选择；管理型交易费用和政治型交易费用影响了新型经营主体与中介机构的执行和实施；政治型交易费用与当地政府的政策制度、财政支持有密切联系。

第 5 章是交易费用与农户选择不同流转模式的博弈分析。运用博弈模型分析发现，土地流转主体的变化造成交易费用的改变，交易费用的高低影响农户对流转模式和流转交易中契约的选择。

第 6 章案例实证：以滕州模式和东平土地入股合作社模式为案例。验证了中介机构的引入降低了农户与新型经营主体之间进行土地流转交易时的交易费用，提高了契约执行的可行性。

第 7 章结论、政策建议与有待进一步研究的问题。

1.5　创新点和不足

1.5.1　研究的创新点

（1）对土地流转中的交易费用进行分类研究，分为市场型交易费用、管理型交易费和政治型交易费用，认为市场型交易费用影响着农户对土地流转模式的选择；管理型交易费用和政治型交易费用影响着新型经营主体与中介机构的执行力度和实施方案；政治型交易费用与当地政府的政策制度、财政支持有密切联系。

（2）从交易费用角度分析土地流转中发现，由于流转对象的变化使得契约从口头契约转变为书面契约，以降低流转中的交易费用，促进土地流转的进行。

（3）通过对改革开放后土地流转制度变迁和现实情况的研究，明确政府对土地流转政策和制度的设计与变迁是生产力发展的要求，这也推动了农业生产力的提高。

1.5.2　研究的不足

首先，数据资料来源较窄，只是对政府部门、官方网站和已有文献中的统计数据和资料进行分析研究，定量研究不足。只有研究者实地入户调查收集数据资料，才可以使文章更加真实、更加贴近中国农村的实际发展，增强文章的厚重感；也有利于在农村的现实生活中发现更多更有实际意义的问题和创新方案。

其次，理论研究还缺乏深度，在交易费用的探讨中，只有对交易费用的估算和大概比较，没有准确明晰的测算。对农地流转模式种类研究得太少，研究范围具有局限性。

第 2 章 /

文 献 综 述

本章以农地流转理论为基础，从不同的理论视角对农地流转的学术文献进行综述；通过探析产权理论与土地产权、交易费用理论和契约理论，发现产权理论与土地产权是土地流转的基础；交易费用是土地流转的制约因素；契约理论则为解决交易费用的限制或制约提供了一个视角。因此，产权理论与土地产权、交易费用理论以及契约理论构成了整个本书的理论基础。

2.1 相关理论综述

土地流转早已引起世界各国专家学者的关注，但由于国与国之间社会制度和土地制度存在差异，因此，国外学者在学术研究中不是简单或直接的探寻农地流转问题，而是从农用地的地租、产权、交易费用、农户行为假设等方面展开探讨，覆盖范围广泛且内容丰富，对土地流转的研究理论系统性较强，研究视角独特，并且这些理论都以实际生活为真实案例进行实证解释，所以，对国内研究新形势下的农地流转具有理论启示与借鉴意义。

2.1.1　地租理论研究

地租是一种社会关系的体现（刘润秋，2012）。在过去，地主阶级垄断着农业生产资源——土地，他们并不直接进行生产经营，而是将土地分散租给农民进行耕种，这就形成了最初的农地流转；农户不是无偿的耕种经营土地，是需要支付承租代价——地租。马克思（1975）认为，地租是土地使用者由于使用土地而交给土地所有者的超过平均利润以上的那部分剩余价值，地租的占有是土地所有权借以实现的经济形式。

1. 古典经济学的地租理论

古典政治经济学威廉·配第（1662）通过对实物表现和货币表现两方面的系统考察，在劳动价值论基础上提出了地租理论，他最早看到劳动与土地对使用价值产生关系，对地租理论做出了开拓性的贡献。亚当·斯密（1776）在以"经济人"为核心的自由市场理论的分析框架中研究地租理论，视农业为国民经济的基础，并指出："作为使用土地的代价的地租，自然是租地人按照土地实际状况所支给的最高价格。"[①] 杜尔哥（1766）首次提出了地租与土地所有权的关系。被马克思称为现代地租理论真正创始人的詹姆斯·安德森（1777）依据土质肥沃、贫瘠程度的不同，创立了级差地租理论，通过分析级差地租Ⅰ和级差地租Ⅱ，提出了土地收益递减原理（马克思，1972）。法国古典经济学家大卫·李嘉图（1803）以劳动价值论为基础、分配论为理论体系，研究了地租的起源、定义以及存在的原因，创立了差额地租学说。德国农业经济学家、农业区位理论的创始人约翰·杜能（1826）运用经济现象和科学抽象法进行研究，首次系统论证了土地位置与地租的关系，运用边际生产力概念分析地租理论，创立了区位地租理论。萨伊（1803）从效用价值论考察地租，提出的"生产三要

---

① 亚当·斯密. 国民财富的性质和原因的研究（上卷）[M]. 郭大力，王亚南，译. 北京：商务印书馆，1972：136 – 137.

素论"成为我国在土地极差估价法中测定土地级差收益的基本方法之一。马尔萨斯（1815）继承了亚当·斯密的工资、利润和地租三种收入决定价值观的观点，他在《地租的性质与发展及其支配原则的研究》中指出："地租是自然对人类的赐予；垄断不能决定地租的形成，其增长是社会发展的必然现象，是国家繁荣和财富增长的'标志'。"

2. 马克思主义政治经济学的地租理论

19 世纪，马克思（1867）对地租理论进行了深入系统的研究，在《资本论》第三卷中，探讨了前资本主义地租，论述了中世纪农奴制下的三种地租形态："劳役地租（又叫力役地租或劳动地租）是其原始的、最单纯的形态；实物地租是它的通例形态；而货币地租是它最后的、邻近消灭的形态。这三种形态，在实际场合中，又往往是黏连着的，很少以纯粹的形态而存在，由地租的原始形态向其通例形态的过渡中，会出现一些反映历史前进的变化，如直接生产者（农民）的经济地位，会因之有所升降。"（赵俪生，2013）马克思在批判和改造早期地租观念的基础上，对级差地租理论加以完善，提出了绝对地租理论，创立了系统的地租理论，具体分为三种形式：级差地租、绝对地租和垄断地租；提出了土地价格公式（土地价格＝地租÷还原利息率）和地租公式（地租＝市场价格－个别生产价格）。马克思主义政治经济学的地租理论，是从"质"与"量"的两个方面进行分析，"质"的方面表现在：只要土地所有权存在，无论土地的状况如何，土地使用者在使用土地期间，地租的存在都是必要的，绝对地租体现了土地所有权的集中。"量"的方面表现在：土地自身状况和使用者投资力度的不同，导致了地租量的差异，所以地租形成级差地租Ⅰ和级差地租Ⅱ两种形式，级差地租理论体现了土地与其产品价值形成过程以及利润再分配过程。马克思主义政治经济学的地租理论对中国土地资源配置、农村土地流转模式与契约形式选择等诸多实际问题的研究具有重要的理论指导意义和现实意义。

3. 新古典经济学的地租理论

19 世纪后期以后，农业用地与城市用地之间的矛盾日趋明显，通过利益对比，大量的农业用地变更为城市用地，此阶段是将地租理论置于市场经济体系中进行研究。英国经济学家、现代地价理论创始人阿尔弗雷德·马歇尔（1890）认为土地是一种特定形式的资本，并创造性地提出了"稀有地租"的概念，丰富了现代西方地租理论。美国经济学家约翰·贝茨·克拉克（1900）用生产要素贡献分析了地租理论，他认为：地租可以在土地这个生产要素数量不变的前提下，通过分析劳动力的价格计算出地租的大小；地租被认为与资本无本质差异，被视为土地资本的利息，是利息的派生形式；地租的确定要根据边际生产力原则，按'剩余法'确定。威廉·阿郎索是新古典地租理论的开创者，他（1964）将杜能的农业土地利用模型引入城市，论证了城市内部土地价值与土地利用之间的关系。新古典经济学的地租理论打破了之前一成不变的分析方法，其中边际产品价格与生产要素价格的比较，区位因素的引入增强了地租理论的实际应用价值，以及将土地市场作为"非完善市场"的阐述均有其独到之处，对今后农地流转的市场化、交易绩效等方面模型的建立和理论的研究奠定了坚实的基础。

4. 现代西方经济学的地租理论

美国经济学家保罗·萨缪尔森（1948）认为，地租是为使用土地所付的代价，决定于供求关系形成的均衡价格。在完全竞争条件下，土地供给数是固定的，缺乏价格弹性，而需求是地租唯一的决定性因素，其数量的多少取决于土地需求者的竞争。简言之，就是利用地租和生产要素的价格，对稀缺资源进行有效分配。美国当代土地经济学家雷利·巴洛维（1989）用土地产值曲线和成本曲线图分析不同等级土地地租额度的差异，得出："地租可以简单地看作是一种经济剩余，即总产值或总收益减去总要素成本或总成本之后余下的那一部分，各类土地上的地租额取决于产品价格水平和成本之间的关系。"[①]

---

① 雷利·巴洛维. 土地资源经济学——不动产经济学［M］. 谷树忠，译. 北京：北京农业大学出版社，1989.

2.1.2 产权理论研究及理论基础

产权的界定决定了社会经济制度的性质，是组成社会经济制度的基本元素，影响着市场交易运行中成本的高低、资源的合理配置和绩效。产权是指个人对他所拥有的劳动、物品以及服务的占用的权利（North，2008；舒尔茨，1968），是人们通过财产形成的经济权利关系，包括归属权、占有权、使用权和支配权（黄少安，1995）。科斯（1960）在《法学与经济学》杂志上发表了著名的《社会成本问题》，他运用交易费用假设对产权的明晰界定是否影响社会资源的有效配置进行论证，此论文详细地分析了"外部性"的问题，指出明确的产权能够克服外部性，降低交易成本，并且产权在市场运行中有着举足轻重的作用，在制度上能够保证资源的有效配置。产权的界定与产权制度都提高了资源的有效配置，清晰的产权有利于交易费用的降低（Furubotn and Pejovich，1972；Demsetz，1974；North，1981；Eggertsson，1993），模糊不清的产权增加了不确定性，投资成本提高（Putterman，1995）。诺斯（North，1981）从制度变迁的角度论述了制度的形成规律和各种制度变迁对经济发展所造成的影响，诺斯表示：政府对产权的构成起着决定性作用，通过法律法规和其他方法约束着土地所有者对其产权进行转让或使用。亚瑟和诺斯（Arthur and North，1993）通过建立制度变迁的共享心智模型，发现："个体改善经济绩效的能力依赖于其信念和心智模型，制度是拥有心智模型的人们在互动中创造的、对环境进行构建或建立秩序的机制。"

2.1.2.1 马克思主义政治经济学的土地产权理论

1. 土地产权权能结合与分离理论

土地产权既可以集中在一个产权主体上运行，也可以分离独立实现运作，其基本原则为：分离独立后的土地产权在经济上得到实现，同时也形成了新的经济关系。以土地产权主体为纽带，马克思在《政治经济学批判

(1857~1858 年手稿)》和《资本论》中归纳了土地产权结合、分离及独立运作的三种典型形式：（1）小块土地所有制下的土地所有权与占有权、使用权相结合，有且只有一个产权主体，其中，土地的所有者既是土地的支配者也是土地的使用者。（2）土地私有产权制度下的土地所有权与占有权、使用权的分离，土地的支配者与使用者分属于不同的产权主体，成为经济利益独立的多元产权主体，而各产权主体是借以地租这种经济形式来实现相互间的联系。（3）土地公有产权制度下的土地终极所有权与占有权、使用权的分离的多元化土地产权主体格局。国家作为土地终极所有者，虽然不存在私人所有权，但存在着私人的占有权和使用权。马克思的土地产权权能结合与分离理论有助于分析社会主义市场经济条件下的农村土地流转制度等问题，而土地经营权的流转可以加快农业现代经营方式的转变，有利于农业现代化的发展和广泛应用。

2. 土地产权交易商品化和配置市场化理论

人们的劳动生产离不开土地，在获得土地相关权能后才能使用土地，这类权能如同商品一样进行交易，所以，土地所有权商品化在普及土地相关权能有偿使用与商品经济发展的前提下被证实。土地产权的商品化是土地配置市场化的前提条件和理论基础，土地配置的市场化又是土地产权商品化的必然结果；土地产权配置的市场化是马克思主义政治经济学土地产权理论的重要内容之一。土地不能移动，土地市场配置就是土地产权的市场配置，"借助于商品的各小部分的所有权证书［B′，－9］，商品能够一部分一部分地投入流通。"（马克思，1867）受地租的影响，土地产权失去不动产的性质，以商品的形态流入市场与其他财产通过市场机制进行优化重组，土地产权的价格由当时市场土地产权的供给现状决定。土地产权的需求小于供给时，土地产权的价格呈下降趋势；土地稀缺、供给无弹性，并且经济发展迅速、人口增长过快等对土地需求量日益增加时，土地产权的价格就会急速增长，土地产权的权利也就随之发展并日益重要起来。

2.1.2.2 新制度经济学派的产权理论

以科斯、诺斯、阿尔钦、德姆塞茨和费达等为代表的新制度经济学派的制度变迁理论和产权理论对促进农地流转理论的研究起到了重要作用，对我国土地制度的研究也产生了深远影响。实际上，农村土地流转就是一种产权的转让，这种制度安排实质上是一种人们行使一定行为的权力。舒尔茨（1968）指出："改造传统农业最重要的制度保证是运用以经济刺激为基础的市场方式，通过农产品和生产要素价格来刺激农民；控制农村规模，用所有权和经营权合一的、能适应市场变化的家庭农场来改造传统农业。"阿尔钦和德姆塞茨（1973）通过研究 12 世纪英格兰的圈地运动以及土地转让后发生的地权现象，发现圈地运动大幅度的减少土地使用者在进行土地流转行为中的交易费用，同时促进了土地资源生产效率的有效配置。阿尔钦表示，产权可以帮助决策者在与他人交易时达成合理预期，明确的产权可以降低交易费用。费达和菲尼（1991）通过模型研究了地权稳定性对土地价格、耕作力度以及信贷的影响，发现土地产权制度的明确能够减少不确定性，提高土地市场的效率。土地流转的本质是产权的交易，明确的土地产权对农业投资的增加和农业生产力的提高起到重要作用（费达、菲尼，1993）。贝斯利（Besley，1995）通过对加纳农村土地产权制度与投资激励之间关系的分析，证明了农户对土地的产权拥有程度越完整，农民对土地的长期投资就越大；同时土地交易性的增加也提高了土地的投资价值，农户对土地投资的积极性也随之提高。勒曼（Lerman，2007）通过研究摩尔多瓦共和国小规模土地经营的状况，得出农业生产的联合经营可以减少土地交易障碍。卡特里娜（Katrina，2011）等通过对中国农地流转与劳动力迁移间的内在关系进行分析，发现农村土地产权的不完全性影响了农村劳动力进城务工的积极性，而完善农地产权制度，增进对土地安全的预期，促进农地流转可以解决这一问题。

2.1.3 交易费用的理论研究

科斯（1937）在《企业的性质》中首次提出交易费用理论，他认为："交易费用是利用价格机制的费用，包括为完成市场交易而花费在搜寻信息，进行谈判，签订契约等活动上的费用。"诺斯（1994）认为："交易费用是规定和实施构成交易基础的契约的成本，因而包含了那些经济从贸易中获取的政治和经济组织的所有成本。"任何交易都会产生成本，交易成本是经济体系的运行成本，对交易费用外延的研究多是将交易费用分为交易前、交易中和交易后三个阶段中与交易相关的费用，交易费用的存在取决于有限性的理性思考、资产的专用性以及机会主义行为（威廉姆森，1979）。威廉姆森（1985）指出不确定性、机会主义行为、小数目条件以及专用性资产会造成交易成本的增加。在以上四种因素的综合作用下，市场机制配置资源将无法通过，容易导致市场失灵。

每一次交易都可以看作是对一种契约模式的选择，依据不同契约模式中的交易费用匹配不同的治理机制，交易双方经协商后签订契约，同时也确定了治理机制和交易费用标准，签约的目的是交易双方为了获取更多的交易净收益。由此得出：（1）如果交易费用过高，造成交易净收益很少，此时契约无法达成。（2）因契约的不完全性造成交易费用的增加，即使契约已经达成，交易双方会在各自可能的契约集合中，选择交易费用相对最小的契约模式。（3）在合约的履行中，如果原契约条款无法适应资产专用性或环境的变化，并且已存在降低交易费用、增加双方收益的机会时，交易双方会再次进行谈判并修改契约条款。

2.1.3.1 农户选择与交易费用理论研究

霍布斯（Hobbs，1997）采用英国肉牛养殖户的调查数据，使用 Tobit 模型分析交易费用对农民选择活体拍卖牛肉或出售给肉类加工企业这两种销售方式的影响。贝利和亨尼卡特（Bailey and Hunnicutt，2002）采用近似不相关回归（seemingly unrelated regression，SUR）方法调查研究美国犹他州肉牛养殖户对于不同销售渠道的交易特征的影响。瓦基斯和萨杜莱（Vakis and Sadoulet，2003）通过对秘鲁马铃薯种植户的数据的分析，发现影响农民市场选择的重要因素为可变交易费用（如交通条件、到市场的距离、获取价格信息与潜在买主的关系等）和固定交易费用（如获取价格信息、与潜在买主的关系、谈判能力等）。巴德斯图（Badstue，2004）把视角延伸到农户的采购环节纵向协作的关系研究上，通过检验墨西哥中央峡谷地区影响小规模农户玉米种子获取过程交易费用的因素，分析了农户自己留种、通过非正式销售渠道或正式销售渠道获得玉米种，这三种不同方式的交易费用。龚雯（Gong Wen，2007）等利用2004年我国内蒙古自治区、安徽和山东省的153户肉牛养殖户的调查数据，采用Tobit模型实证验证，发现农户的谈判能力越强、养殖经验越丰富，越倾向于选择长期契约；而专用性投资高或延期付款不利于农民选择长期契约。

2.1.3.2　农地流转与交易费用理论研究

拉赫曼（Rahman，2010）通过构建一般土地租借均衡模型说明了农村土地市场和信息的有效性，并利用Tobit模型检验了影响农地流转市场的各种相关因素。弗鲁博恩和里奇（Furubotn and Richer，2010）指出，农地租赁市场的供需双方要找到合适的交易对象，需要耗费时间搜寻可靠的交易信息，然后再协商谈判、签订合约，事后要适时监督，甚至还要建立社会关系。吕海燕（Lu H. L.，2006）通过对中国南京市86户西红柿种植户的调查数据研究，发现信息成本、谈判成本、监督成本、交易费用对生产阶段和市场销售阶段的技术效率均有显著影响。加布雷·马丁（Gabre Madhin，1999）以埃塞俄比亚谷物市场为例，研究了中介机构组织对于节省交易费用的作用，采用Tobit模型估计结果证实了中介经纪人对于降低搜寻信息的交易费用起到了积极的作用。郝师灯（2009）通过对埃塞俄比亚等农村地区土地租赁市场、交易费用、土地产权不稳定性、土地纠纷，以及土地市场的出现和土地市场对贫穷、公平和效率等影响的研究观察，得出政府对交易行为的禁止和产权的限制，会导致土地利用率低且缺乏公平性。

2.1.3.3　政策措施与交易费用的理论研究

史蒂芬（Stephen，2005）等在对尼加拉瓜和洪都拉斯的土地市场政策效应的研究中发现，政策措施能够推动当地的土地流转和交易，增加农业生产率。克劳斯·丹宁格等（Klaus Deininger，2005）研究中国农村土地流转政策时发现，农地的流转和政策的调整有利于土地资源的优化配置，并且还实现了交易费用的降低。克劳斯·丹宁格（Klaus Deininger，2008）研究印度限制土地流转的政策效应时发现，土地流转被限制后，降低了农民的生产积极性与农民收益。斯蒂凡（Stefan，2012）等研究欧盟农业补贴政策对土地流转的影响时发现：单户农民土地的资本化比双倍的农业补贴政策效果更加显著。由此可知，交易费用的存在与人的本性、行为的不确定性密切相关，直接影响着农地市场的选择与效率（威廉姆森，1975；胡韫频，吴学军等，2006）。

2.1.4　关于农户行为假设的研究

2.1.4.1　理性小农理论

土地流转的主体是具有土地承包经营权的农民，农民可以按照自身意愿选择土地流转的模式，任何个人和组织都不能阻止或强迫。舒尔茨（1964）指出，在完全以农民世代使用的各种生产要素为基础的传统农业中，农民并不是人们通常所认为的那样懒散、愚昧和不思进取，而是与资本主义企业家有着同样的经济理性；他们和资本主义企业一样趋利避害，根据市场需求和机会积极利用各种资源，追求利润最大化。由此可知，农民是具有经济理性的经济人。波普金（1979）指出，小农的行为并非没有理性，其行为毫不逊色于精于算计的资本主义企业家，是在权衡长期利益和短期利益后，为追求最大利益而做出合理生产抉择的理性经济人。传统农业的现代发展完全可以通过农民为追求利润进行的创新行为来实现；相应的，小农的政治行为则可以看作是在整治市场上的投资行为。

2.1.4.2　农民的风险规避理论

风险规避理论并不是单一的理论流派，而是将风险引入农户的经济行为中，研究风险和不确定性条件下的农户决策行为。对农户风险行为的分析，可以发现农户能够承受风险的程度以及是否是风险规避的、发现风险对农业生产率的影响以及风险的主要来源（Ellis，1988）。虽然吸收了实体主义与形式主义的理论思想，但风险规避理论主要是将小农视为趋利避害的理性行动者。个人在面对各种互不相容的选择时，会选择能给他带来最大幸福决策（弗兰克，2006），也就是说个人会依据自己的个人目标做出决策，使自己的福利达到最大。如何获利是小农的追求，如何规避风险是风险规避理论的主旨。前者强调"趋利"，后者强调"避害"，都遵循了风险最小化的原则。舒尔茨（2006）和埃利斯（Ellis，1998）认为农户面临风险时的处理策略是理性的，小规模农户防范和处理风险的策略尤为显著，此时农户追求的不再是收益最大化，而是较低的风险性与较高的生存保障。

2.1.4.3　农户决策对农地流转影响的研究

亚瑟和诺斯（1993）从认知的角度探讨了个体决策行动的内在机制，研究表明："在竞争性的市场环境中，农户是理性的行为主体，是在一定的经济环境约束下追求利润最大化的个体，农民的决策受到其认知能力以及所处环境的影响。"不完全信息导致市场分割、扭曲甚至缺失，信息不完全和复杂的市场环境使农民不可能成为具有完全理性选择能力的人。龚启圣（Kung，1994）研究发现，由于农民在生产中受到了传统小农经济思想的影响，对土地具有强烈的依赖性和保护性，即使外出务工无法自主经营土地，也会选择让同村村民耕种或任其荒废不愿意将土地流转。威洛克（Willock，1999）等对苏格兰 207 户样本农户的经济行为进行研究，发现人力资本和情商在农户决策行为中起着重要作用。麦克皮克和多斯（Mcpeak and Doss，2006）通过对肯尼亚北部地区牛奶生产和销售行为的研究，发现性别和个体年龄明显影响农户的整体决策行为。黄宗智（2000）在综合小农理论的基础上借用格尔茨的"农业内卷化"概念，提出了农业"内卷化发展"的观点。并通过对中国长江三角洲乡镇企业的研究发现：改革开放使农民获得了离开土地到城镇寻求非农就业机会的自由。农民流动到城镇所积累的经验通过经济文化传播的方式反过来既促进了传统小农生产方式的转变，又促进了农村传统土地利用模式的转变（黄宗智，2000）。

2.2　对土地流转问题的研究综述

国内理论界和实践界相关学者对农村土地流转问题的关注开始于家庭联产承包责任制的兴起与发展，20 世纪 80 年代中后期至今，国内学术界已经形成了丰富的研究成果，学者们主要从以下几个方面进行了深入研究。

2.2.1　概念及影响流转的因素

黄贤金和张安录（2008）认为，土地流转是土地资本商品化经营的选择，是经济社会发展到一定阶段的产物，土地只有在不断流动中才能增值，一旦形成了合理流动，便可以实现资源配置效率的高效化、利用关系的协调化，从而影响农户对土地资源开发的深度投资，减少和规避农业经营的风险。刘成玉和杨琦（2010）曾指出，承包权属于成员权，是与农民作为农村集体经济组织成员的资格联系在一起的，与经营权和使用权不同，在现行制度框架内农村土地承包权是不能流转的。也就是说不存在严格意义上的土地买卖，因而相对于农村地区而言，所谓的农村土地流转其实就是指土地承包使用权流转。

2.2.1.1 土地产权制度

我国农村土地制度变迁，经历了国家对农村土地从全面管制到管制放松的动态过程。何一鸣和罗必良（2012）就农地产权的研究构建了一个农地产权管制放松的交易费用理论范式，发现产权管制放松后的农地经营主体租金均得到提高，政府效用水平也得到提升，从而得出：农地流转的实质是农地的转让权管制放松，不仅使土地转出方最大化其土地转让净租金，而且转入方能获得专业化分工效应与规模经济效应，土地自由流转能使交易双方同时获利，实现帕累托改进。姚洋（2004）运用集体决策的理性模型和政治模型，对我国农地制度的演变、绩效、福利、农村不完全市场及其影响、农村集体决策的过程以及土地合约中的权力等问题进行了深入的研究和探讨，提出了农地产权制度改革中应该注意的相关问题。通过对浙江和江西两省449户农户的调研，发现地权的稳定对农民的长期投资具有促进作用（姚洋，2000）。稳定的土地使用权是土地流转交易的前提和基础。

但是，我国农地承包经营权的不完全性、产权残缺以及严重的排他性（钱忠好，2005），都成为阻碍我国农地市场发育缓慢的产权原因。姚洋（1999）从理论和实证两个层次研究农地流转问题，发现政策的实施没有达到预期的目标，即使在部分地区农地流转呈现快速发展的趋势，但在总体水平上农地流转发生率仍较低。钱忠好（2002）曾总结出三方面原因：第一，农地承包经营权具有约定性和不确定性；土地所有权属农民集体所有，承包经营权属农民所有，农民的土地承包经营权需要通过签订承包合同由双方约定才可取得。第二，农民投资土地的积极性不高；农民在保证国家和集体利益的前提下，随着人口的变化实行周期性土地调整，从而造成承包经营权缺乏排他性，导致农民无法对地权形成长期稳定的预期，削弱了农民投资土地的积极性。第三，我国农地产权具有部分社区共有物品的属性，同时也具有部分私人物品属性，农地承包经营权缺乏安全性。

2.2.1.2　农业绩效等经济因素

罗进华（2002）以新古典经济学中关于经济人对要素需求的成分收益计算模型为基础，加入经济学模型中的交易成本，从而构造了一个综合两个模型在内的关于农户需求的成本收益计算模型。通过对模型的全面分析，发现影响中国农地流转的因素主要来自经济效益。张红宇（2002）采用制度经济学原理对我国农地制度的变迁进行系统的研究，发现农业比较利益和外部环境的变化直接影响土地使用权流转。曹建华（2007）等通过研究农户供求意愿和设置土地流转意愿度指标分析，结果表明，土地流转交易有利于农村劳动力和土地资源实现重新配置，增加了交易双方的经济福利与经济效率。家庭承包制的实施有效地刺激了农民的生产积极性，但是农业产业化的快速发展，使现行的农村经营体制已经无法适应现代化农业的发展，以市场调节为基础，优化配置土地资源，推动农村土地流转已成为提高农业竞争力的途径之一（张丁、万蕾，2007）。

也有学者认为土地流转无法促进农业绩效的提高。郭丽（Li Guo，1997）和郭丽、罗泽勒、布兰特（Li Guo Rozelle，Brandt，1998）通过对河北省和辽宁省664户农民的调查，分析农民是否享有土地流转权以及与土地产出率之间的关系，结果表明无论农民是否享有土地流转权，都无法显著影响土地的产出率。贺振华（2003）通过对湖南省永兴县土地流转现况的分析发现，除非在农地流转后增加新的生产要素或原生产要素有质的提高，否则土地流转既不能改变农业生产的方式或生产要素的质量，也不能实现农业生产质的突破。

2.2.1.3　土地流转市场

土地实现流转交易可以实现资源的再分配，促进农村劳动力的流动（姚洋，2002），增加农村土地使用权在流转市场中的供给（田传浩、贾生华，2004）。田传浩和贾生华（2004）通过对江苏、浙江、山东三省

1083 户农户的调查数据的研究分析，发现在人地矛盾紧张的地区，土地的供给量缺乏是造成流转市场发展的主要障碍，土地的顺利流转有利于促进土地流转市场的发育。钱忠好等（2016）通过对江苏、广西、湖北、黑龙江四省的调查数据研究分析发现，政府颁布实施的政策推动了土地流转市场的发展，提高了农村土地的集中化和农民收入，但同时也存在农地流转市场发展的总体水平不高，农地流转签订契约合同的比例不高等问题。

2.2.1.4 市场信息的不完全性及不确定性因素

在农村土地流转市场体系不完善的前提下，信息供求机制与反馈机制发展不健全、土地流转交易的信息闭塞且不通畅、土地流转市场服务机制不完善等因素导致"要转的转不出，要包的包不到"，所以土地流转市场信息的不完全性、不确定性以及流转市场服务机制的缺乏，影响了土地流转的顺利交易（刘韶华，2009）。罗进华（2002）通过构建包括交易成本在内的关于要素需求的成本—收益分析模型进行分析研究发现，土地租金、农地转租中存在的不确定性和农产品价格都影响着农村土地的流转。孔祥智等（2011）则通过实证研究得出：土地的短期流转会带来土地使用权的不稳定性，转入方预期的不稳定性必然会影响长期投资的积极性。

2.2.1.5 土地的社会保障功能

土地承担了农村家庭社会保险和事业保险的责任，我国农业生产的比较效益和劳动生产率显著低于其他产业，土地流转后给农民带来的收入流增加很小，农民对土地流转的积极性不高。一些农村地区土地流转时存在盲目性，有些地区更是出现了以土地流转为借口侵害农民合法权益的行为（肖福义，2009）。方青（2001）研究发现，占我国人口80%的农村居民多数都游离于社会保障网络之外，农民社会保障自始至终都处于我国社会保障体系的边缘，具有层次低下、覆盖面积小、项目不全、社会化程度低、保障标准不科学等缺陷。陈亚东和刘新荣（2009）认为农民的利益无法得到有效保障阻碍了土地流转的顺利交易，具体表现为：第一，部分农村地区的村集体组织将土地流转作为增加村组集体收入或提高政绩的手段，滥用行政手段强制干涉土地流转，损害农民的合法利益；第二，农民本应获得的土地流转收益具有较大的风险性。我国农民受传统小农经济思想的影响，对土地具有强烈的依赖性和保护性，土地又承担着农民的养老保险、就业保险和医疗保险等社会保障。如果农民从土地流转中获得的经济利益无法补偿因流转交易所损失的费用，那么农民的经济收入和生活条件将受影响，农民流转土地的意愿也将会降低（徐凤真，2007）。由此可知，土地对农民的重要性越高，所承载的责任就越大，流转交易就越困难。

2.2.1.6 交易费用的因素

伴随农村土地流转市场的发展，土地流转制度的创新焦点应该转变为如何建立实现交易费用最小化（汪青松，2013；王逸吟、王勇，2013），而农村土地流转模式的选择受到诸多因素的制约，交易费用成为决定选择流转交易契约形式的重要因素之一。罗必良等（2012）借鉴新制度经济学范式进行分析，以交易费用的三个基本属性为视角，考察了资产专用性和交易不确定性对农村土地流转交易费用的影响。黄英良（2005）对政府、市场以及中介组织等不同机构在农村土地流转中的交易费用进行研究，发现中介组织机构的交易费用较低。田传浩（2005）通过对江苏、浙江、山东三省的调研，发现农民间自发进行的土地交易存在交易费用较高、期限短、缺乏正式契约的缺点；交易费用越高，流转市场的发展水平越低；交易费用越低，流转市场的发展水平越高。所以，减少交易费用有利于推进土地流转的顺利进行和流转市场的健康发展。

2.2.1.7 农户决策行为

不少学者通过研究农民的意愿和决策行为发现农民作为承包地的经营主体，他们的意愿和决策直接影响着土地流转交易和流转模式的选择（钱文荣，2002），进而影响该地区土地流转市场的发展和完善。宋山梅、王晓娟和张瑞萍（2009）通过对贵阳市白云区和遵义市务川县的农地流转的专题调研，发现农民意愿直接影响农地的流转规模和形式。钱文荣（2002）通过随机选择并采用了海宁市不同类型乡镇的约 1000 户农民的调查数据进行研究，发现农民作为农地经营的主体，他们的意愿与行为直接影响着该地区农地流转及其机制和模式的选择；并且农业已经不再是大部分农民的主要收入来源。但是，在实际土地流转的过程中农民对其意识淡薄，随意性和不稳定性较大，甚至不了解与土地流转相关的法规政策。张富杰（2009）和赵建成（2009）分别在研究贵州省和河北省的土地流转现状时发现当地农民的土地流转意识淡薄。夏玉莲和曾福生（2013）研究发现，农民受自身知识水平的束缚、土地流转信息的滞后性和政府与承租人之间的权钱交易等影响，造成农民呈弱势状态，不利于农地流转的收益分配，并提出内部强化机制和外部优势机制并存可以化解农民弱势的问题。林善浪和张丽华（2009）根据福建省农村地区土地流转的调查数据，从定量分析的角度研究和建立 Logistic 统计模型进行实证分析，发现农民在转入土地时的决策，主要依据家庭的经济状况和自身的人力资本的状况；土地转出的决策主要受农民的思想意识、在非农劳动力市场上的竞争优势及农业与非农岗位的相对可得性的影响。刘洋和刘惠君（2011）通过对重庆市开县的农户调查，构建农民土地流转意愿模型并用 Logistic 模型进行论证，发现农民参与土地流转的意愿受到非农就业率、单位面积农业纯收入、恩格尔系数和签订流转书面合同比率等多种因素的影响和制约。

2.2.2 我国农村土地流转中存在的问题

2.2.2.1 土地流转规模较小

我国农村地区的土地流转多以零碎化的转租为主，流转规模很小。这种小规模分散化的流转模式和农业生产经营方式，妨碍了先进生产技术的应用，造成农田水利等公共设施"公地悲剧"的出现。叶春辉、许庆和徐志刚（2008）通过对国内外历史学和社会学有关农地细碎化问题的文献的分析梳理，发现农地细碎化阻碍了农业生产规模效益的提高，降低了农户收入水平，浪费了农村劳动力，直接影响了农业生产经营方式。分散细小的农场规模受工业化、城镇化和人口增长等因素的影响，不断分散细小化，同时还出现了半自给性的农户兼业化、劳动力老龄化以及农业边缘化等现象（何秀荣，2009）。农地抛荒弃荒、土地细碎化、流转规模狭小都造成了严重的效率损失，威胁到国家粮食的安全生产和食品质量（Fleisher，1992；许庆等，2008）。刘芬华（2011a，2011b）指出，农村土地流转速率差异与区域经济发展水平差异具有高度一致性，农村土地流转规模和速率严重滞后，流转模式从细碎化转租，到集体反承包，再到股份合作制等整体流转演变。

2.2.2.2 政府部门监管缺乏规范性和有序性

刘书楷和曲福田（2004）指出，农地制度是指约束人们农地经济关系的规则的集合，是关于人与人之间，尤其是政府和农民之间，围绕农地所有、使用、收益而发生的生产关系制度，反映人与人之间的农地经济关系。土地承担着农民的养老、医疗保险等社会福利保障功能，政府部门或现行政策法规对土地流转的不当限制，直接导致土地流转交易缺乏可转让性，严重阻碍土地资源配置效率的改进（钱忠好，2002）。王景新（2000）研究表明，不合理或过度的限制阻碍了土地资源配置效率的改进，农民在意识形态上也缺乏对农地流转和相关政策法规的认知，增加了土地流转的交易费用。郭川和钱忠好（2000）针对小城镇建设中耕地保护方面存在的问题进行研究，发现因为小城镇在建设规划中无法做到对耕地的有效保护，影响了耕地总量动态平衡的贯彻执行和小城镇自身的健康发展，具体体现在：第一，地方领导在制定规划时脱离实际，过度占用耕地，贪大求洋，好大喜功；第二，利益分配机制不合理，地方政府具有很强的占地扩张冲动，耕地总量动态平衡方面忽视了质量平衡，只重视数量平衡；第三，小城镇的建设规划、土地利用总体规划和节约用地保护耕地规划，三者间缺乏协调性；第四，缺乏完善的法律法规保障。郑佳佳和何炼成（2009）从政府认知视角，通过梳理农地制度变迁中农民与政府两大利益主体的博弈过程，建立农地制度的"挂钟模型"并引入政府的认识行为，发现出于政绩需要，地方政府对短期利益的关注有悖于国家长期的总体利益，影响了农地政策的有效实施和农民对相关农地政策的正确认知。孙瑞玲（2008）则通过对农地流转现状的调查研究，发现农村土地流转困难的根源是缺乏完善的市场流转机制和宏观管理机制。并且由于缺乏规范有序的管理机制，侵害农民合法利益的现象屡见不鲜（肖福义，2009）。李孔岳（2009）指出，不确定性因素，例如，行政的无端干预或政策的不明确，明显影响农地流转模式的选择，而资产专用性对流转模式的选择影响有限。

2.2.3　交易费用、契约理论与土地流转

2.2.3.1　交易费用的经验研究

根据现代契约理论的观点，所有的市场交易，无论是长期交易还是短期交易、显性交易或是隐形交易，都被视为契约关系（黄祖辉，张静，Kevin Chen，2008）。现有的文献多是以市场型交易费用为视角，根据不同的研究对象选择不同的指标量化交易费用及其产生的影响（Hobbs，1997；Bailey and Hunnicutt，2002；Vakis and Sadoulet，2003；Lu Hualiang，2006；Gong Wen et al.，2007）。黄祖辉、张静等（2008）研究发现信息收集处理费、谈判决策费和监督执行费这三类交易费用直接影响着农民对契约方式的选择。屈小博和霍学喜（2007）应用有序 Probit 模型，分析了市场型交易费用对我国西部地区果农销售情况的影响，发现信息收集处理费对不同经营规模的农民有较强的约束，谈判决策费和监督执行费对不同经营规模的农民的影响具有差异。韩洪云和吕秀滢（2012）基于浙江省仙居县的实地调查数据，运用 Tobit 模型分析了市场型交易费用对农产品销售渠道的选择

是否存在影响。

刘韶华（2009）认为土地流转交易中信息渠道不通畅，土地流转供求信息反馈机制不健全且中介服务机构不完善，均造成农村土地"要转的转不出，要包的包不到"的矛盾状况。姚文和祁春节（2011）研究发现，交易频率与市场型交易费用对不同经营规模的农民有较强的约束。洪名勇（2013）对贵州省5个县393户农民进行调查，对土地流转交易中的信息收集费、谈判费、订立契约费、契约的监督执行费等市场型交易费用进行细分，还在寻找交易方的费用、中介费、契约方式、交易是否产生纠纷以及土地流转的复杂程度等方面进行详细记录研究，发现土地流转中存在交易费用且对农民的选择行为存在影响。杨成林（2014）指出，农户间的土地流转有较高的交易费用，村委会拥有信息优势，可以有效地降低流转交易中的交易费用；农村地区的流转模式由农民—农民的流转关系，转变为农民—政府—农民的流转关系时，政府承担了信息搜集与农户间讨价还价的成本，从而降低了土地流转的交易费用。

2.2.3.2　契约理论

1. 契约的概念和发展

契约也称为合同、合约或协议。它最早是一个法律概念，查士丁尼（1989）指出，从法律角度理解，契约是指双方意愿一致而产生相互间的法律关系的一种约定。克莱因（2000）认为，契约是通过允许合作双方从事可信赖的联合生产的努力，以减少在一个长期的商业关系中出现的行为风险或'敲竹杠'风险的设计装置。根据《中华人民共和国合同法》第二条规定："本法所称合同是平等主体的自然人、法人、其他组织之间设立、变更、终止民事权利义务关系的协议"。科斯、哈特、斯蒂格利茨等（2003）认为，任何交易都需要某种契约形式无论是显性契约关系还是隐性契约关系。如果市场经济中的交易关系能用显性契约关系和隐性契约关系表示，那么诚信问题也可以归结为一个契约问题，诚实守信就是恪守隐性契约；不履行契约义务就是失信，就是违背隐性契约。

古典契约的思想来源于自启蒙思想家对人人生而平等与自由意志的认识，属于理想化的契约关系，即在签订契约时，契约的条款界定明晰，无论未来发生任何不可预测的情况，交易双方均分摊权利、义务和风险。这种契约多是一次性的，交易双方只在乎违约后的惩罚和索赔，不考虑长期维持契约关系。也就是说古典契约具有个别性、不连续性、即时性的特点。新古典契约是新近发展起来的前沿理论，具有抽象性、完全性和不确定性的特点，包括完全契约和不完全契约。完全契约是指：缔约双方都能完全预见契约期内可能发生的重要事件，愿意遵守双方所签订的契约条款，当缔约方对契约条款产生争议时，第三方如法院能够强制其执行。其签订的契约条款中明确契约在执行中发生不可预测的情况下，交易双方需要分享权利、义务和风险。不完全契约是指：由于个人的有限理性，外在环境的复杂性、不确定性，信息的不对称性和不完全性，契约的当事人或契约的仲裁者无法证实或观察一切，这使得契约条款是不完全的，需要设计不同的机制以对付契约条款的不完全性，并处理由不确定性事件引发的有关信息不对称所带来的问题。（科斯、哈特、斯蒂格利茨等，2003）

2. 不完全契约理论的相关研究

完全契约与不完全契约之间的区别是：完全契约是在事前规定了各种状态下交易双方的权利、义务与风险等责任，重点在于事后的监督；不完全契约是不能规定各种状态下、对未来发生的不可预测的情况的权利、义务和风险等责任，就是指在自然状态下当发生不可预测的情况后交易双方通过再协商谈判来解决问题，重点在于事前对权利进行设计安排。在外在环境的不确定性与复杂性的影响下、信息的不对称性与不完全性的作用下，个人又是有限理性的，交易双方无法准确地预测未来所有情况并将其详细地记录在契约中，所以完全契约是一种理想状态的契约形式，现实世界中的契约在绝对意义上是不完全契约（张静，2003）。

不完全理论的提出推动了契约理论的发展，近几年，越来越多的学者关注不完全契约，科斯、哈特、斯蒂格利茨等（2003）和克莱因（2000）表示，由于关系契约的长期性，可以将关系契约看作为一种重复博弈，如此信誉机制就能够起到作用了。威廉姆森（1985）则表示，长期的契约存在资产专用性的问题，容易形成"敲竹杠"的现象。就土地流转交易而言，土地的流入方如果签订了短期的契约，当他加大对专用型农机具的投资时，会先考虑资金投入后在契约签订的时期内是否可以实现利益的回收以及面临的失地风险性程度如何；同样，农民是追求利益最大化的理性经济人，受到对未来的不可预测性、受教育程度以及环境的影响，不热衷于签订长期契约，阻碍了土地流转的适度规模化经营。

3. 口头契约广泛应用的原因

目前我国绝大多数农村地区仍处于相对封闭的状态，农村土地流转主要是在熟人之间采用口头契约的形式进行交易，口头契约是建立在血缘、亲缘、地缘以及信任的基础上的，村民间若选择口头契约，监督费和合约义务履行费可忽略不计。李霞和李万明（2011）、洪明勇和尚名扬（2013）指出，相对于书面契约形式，口头契约的交易费用较低，在农村的熟人社会里其形式具有较强的约束力，所以口头契约在农地流转中普遍存在且发挥着重要作用。洪名勇（2013）通过对贵州省锦屏、施秉、金沙和平坝4个县的调查发现：土地流转签订的契约形式分为书面契约和口头契约。在其他条件相同的情况下，市场发育程度越高，农户间就土地流转交易选择签订书面契约的比例越高；市场发育程度越低，农户间进行土地流转交易时选择口头契约的比例越高。从理论上讲，口头契约缺乏法律保障，土地流转过程中的口头契约应该无法保证得到很好地履行；但是，从现实情况来看，在土地流转交易中大多选择口头契约的形式，经调查发现口头契约可以实现履约。所以，在长期的土地流转实践中农户间的口头契约形式可以很好地约定交易双方的权利与义务。从1999～2002年，农业部农村经济研究中心对6省824户农民进行调查，发现88%的农村土地是在村庄内实现流转的（农业部农村研究中心，2004）。钟涨宝和汪萍（2003）通过对浙江省绍兴市与湖北省钟祥市、宜城市等9个乡镇43个行政村230户农民的调查，发现81%的土地是在本村范围内流转交易，其中77.9%选择口头契约。叶剑平、蒋妍和丰雷（2006）对我国17个省1962

户的农民进行调查，发现在转出的土地中有87.6%的土地转包给本村的亲戚或其他村民，流转交易中签订正式书面契约的很少，其中86%的农民选择口头契约。洪名勇（2013）通过对贵州省锦屏、施秉、金沙和平坝4个县的调查发现，当农民选择流入土地时，4个样本县97.46%的农民选择口头契约，2.54%的农民选择书面契约；当农民选择流出土地时，有2.76%的农民选择签订书面契约，97.24%的农民选择口头契约。

2.2.3.3 影响契约选择的因素

1. 交易费用

张五常（1969）在《佃农理论》一文中创造性地将风险规避、交易费用与契约相结合进行考察研究，发现在不考虑法律选择与制度安排的情况下，交易费用及风险对合约的影响主要表现在两个方面：一是在观察到的合约安排选择中；二是风险金在缔约方之间分配。同时，交易费用也取决于各种可供选择的法律安排。农民为了实现规模化农业生产经营，需要通过租入更大、更多且连片的土地，交易频率的增加，必然会增加交易费用的支出，进而抑制并影响了农民对土地流转交易的需求（Dong，1996）。农村土地流转交易中存在着各种不可预测或不确定性因素，需要交易双方谈判协商进行解决（邓大才，2007；陈耀，罗进华，2004）。钟甫宁和王兴稳（2010）指出，因为农户间不可能实现大规模交换或流转土地以减少土地的细碎化，所以，土地流转的交易费用远远大于交易后所带来的规模效益；要使土地流转交易得以实现，就必须降低交易费用。同样，信息的不确定性、信息渠道的不通畅或交易频繁等因素，都增加了交易费用，过高的交易费用抑制了农民选择土地流转的欲望（Lynch and Lovell，2003）。

2. 农户间的信任度

关艳（2011）指出，交易双方需要面临来自环境或市场的不确定性，以及来自交易对方行为的不确定性。前者是指流转交易市场不可预测的未来状况的不确定性，例如，土地未来的价格、数量和质量等。后者是指交易双方策略性地隐瞒、掩盖或扭曲信息等机会主义行为而引起的不确定性。洪名勇和尚名扬（2013）指出，农户在选择土地流转的契约形式时，会根据不同的对象选择不同的契约形式，信任是农户选择契约时考虑的重要因素；信任程度随着血缘、亲缘和地缘等关系不同而有较大差异，随着信任程度的上升，选择口头契约的意愿就越大，选择书面契约的意愿就越小。洪名勇（2013）通过对农地流转契约选择与农户之间口头信任度进行博弈，得出口头契约是目前农地租赁过程中的主要契约形式。洪名勇（2013）指出，由于农户间土地流转交易不是一次性完成的，农户间彼此了解熟悉对方信息，包括声誉度、收入支出、生活习惯等，一旦出现违约行为，受害方会采取中断交往、经济赔偿等惩罚措施，同时，违约方将会在村内失去自己的声誉，甚至影响其家族在村内的生活与发展，违约造成的成本很大。所以，农户间口头契约具有很好的履约性，其主要原因是居住在同一个村庄内的农户不仅重视自己的声誉，农户之间还存在相互信任博弈关系。正如诺斯（1994）所指出的，在交易双方相互拥有对方大量的信息，并且交易中包含了重复多次交易时，合约是可以实现自我履约的。

2.3 本章小结

国外的研究主要从地租、土地制度、土地市场发育与交易、农户行为假设等经济层面进行研究。国内针对农地流转机制的研究尚处于实践经验的总结阶段，缺乏从整体系统角度进行分析，从而制约了我国农地流转的建立与完善。但是，农村土地承包经营权流转模式选择的交易费用问题已经引起了学者们的关注，已有的文献资料对我国农村土地流转的进一步研究具有重要的启迪作用，其中有很多理论突破与研究方法的创新，这无疑为本书的研究创新提供了诸多成功的参考范式。

本书的研究在借鉴前人理论成果的基础上，针对现阶段农村土地承包经营权流转的实际情况，结合交易费用和不完全契约理论进行研究分析，对已有农村土地承包经营权流转模式进行对比。通过构建博弈模型分析探讨交易费用如何影响农村土地流转？交易费用的成因和高低是否影响农户对契约的选择？不同的契约模式通过哪些方面降低交易费用？又有哪些因素影响了交易费用和契约的选择？通过对以上方面的研究探讨，寻求农村土地经营权流转模式的创新与发展。

第3章 /

改革开放后农村土地制度的
变迁和土地流转的现实状况

　　党的十一届三中全会召开之后，我国步入了改革开放的新时期。家庭联产承包责任制的实施，使农村土地由集体所有、集体经营转变为集体所有、家庭经营，不仅激励了农民的生产积极性，还通过调整土地资源促进了农村经济的快速发展，在提高农业生产率方面起到了积极作用。中国农村土地产权制度的改革为土地流转奠定了基础。农村土地流转经历了从点到面、缓慢到快速、禁止到开放、局部零散到初具规模化的变迁过程。本章在阐述中国农村土地产权制度变迁的基础上，梳理农村土地流转制度的变迁和实践，并分析农村土地流转中存在的问题。

3.1　土地产权制度的改革

3.1.1　从"两权分离"到"三权分置"

　　在家庭承包责任制下，土地产权不同阶段的表现形式分别为"两权分离"和"三权分置"。其中"两权分离"的土地产权结构为实现农村土地

经营权的流转奠定了制度基础；"三权分置"的土地产权结构为引导农村
土地经营权的有序流转，推进农业规模化经营，提高农地规模化效率和现
代农业发展奠定了制度基础。

3.1.1.1 "两权分离"

所谓"两权分离"是指在家庭联产承包责任制下土地集体所有权与农
户承包经营权的分离。其实质是将土地的集体所有权与农民的承包经营权
分开，实现以家庭承包经营为基础，统分结合的双层经营体制。其基本特
征是公有私营，它明确了土地所有权不变，农村土地属于"集体"所有，
"集体"组织将土地以签订承包合同的形式承包给农民，农民以家庭为单
位获取土地的承包经营权。与此同时，农民在农业生产的实践中不断丰富
着新的、适合当地农业产业特征的土地经营权流转模式，例如，"两权抵
押""两田制""股田制"等农地经营权流转创新模式。1993 年《中华人
民共和国农业法》（以下简称为《农业法》）的颁布使农村土地承包权上
升到法律范畴，《中华人民共和国物权法》（以下简称为《物权法》）界定
了土地承包经营权为用益物权。不管是法律规定、还是实际的权能和利
益，农民只是拥有其承包土地的"经营权"（黄少安，1995），没有处置
权也不能擅自改变土地的用途。

在家庭联产承包责任制实行 30 多年后，各种资源的潜能和激励效用
已经释放完毕，甚至成为制约农业规模经营的"瓶颈"。大量青壮年劳动
力被土地所束缚，无形中造成"隐形失业"和"潜在收益"的流失，这
无形中限制了农户依据自身的比较优势选择劳动方式的权利。逐渐的，农
民之间出现分化，一部分农民希望进城务工，增加劳动收入，却又不愿意
放弃具有"养老"功能的土地，他们将土地暂时转给其他人进行经营；另
外一部分农民有经营意愿，希望耕种更多的土地，同时，他们还具备了实
现多种形式的适度规模化农业生产经营的资金和能力，通过土地的集中化
和规模化经营实现投入成本和劳动力成本的降低和减少。由于进行土地流
转的双方都受到地域局限、信息匮乏、受教育程度低以及亲情血缘的影响

和制约,农户之间自发形成的以"血缘、亲缘、地缘"为主要因素的农村土地流转比例迅速提升。土地的承包主体与经营主体发生了分离,农业生产者的组成形式发生了变化,并且这种变化在实践中日益常态化。随着农地流转现象日益频繁,现行的"两权分离"的农村土地家庭联产承包制度的边际效用急剧递减。首先,土地产权模糊不清,尤其是农户对土地承包经营权的概念理解不准确。一部分农户认为只拥有土地的经营权。因为中国农村土地使用权限经历了从两三年到土地承包期限延长 30 年不变,再到承包关系长久不变的一个演化过程,农户对土地的承包经营权更是被理解为对土地的经营使用权限的变化,而忽略了承包的真实意义。另一部分农户或集体组织对土地集体所有权与土地承包经营权中的"集体所有权"和"承包"的含义理解偏激,他们认为承包土地后土地的一切解释权完全归属集体组织和农民个体,从而出现农村土地非法流转、村委会侵犯剥夺农户土地权利、损害农户合法利益的现象,例如,"反租倒包"的流转模式。其次,粗放式的农地流转和小规模的经营导致农业生产经营效率很低、土地细碎化严重、农村土地经营权流转中交易费用增加和以"血缘、亲缘、地缘"为依赖的口头契约方式存在的风险性等问题突出。中国农村土地经营方式逐渐从"集体所有、农户自营"转变为"集体所有、农户自营、种粮大户经营、集体组织或合作社经营、企业化规模化经营"等多种模式并存。

3.1.1.2 "三权分置"

中国农村土地制度的改革从根本上体现的是农民与土地之间的关系,如何处理好农村土地流转中承包者和承租者之间的关系、如何让实际经营者更便捷有保障地耕种土地、如何实现农村土地经营权规范有序的流转就成了亟须解决的问题。伴随农业生产的专业化经济和市场经济的深入发展,土地作为资本的重要性日益显现,为了顺应我国农业生产力发展水平的需要、切实稳定保护农民的土地承包权实现土地经营权流转的意愿,政府部门开启了新一轮的农地权利制度改革(李国强,2015)。《中共中央关于全面深化改革若干重大问题的决定》中指出，"稳定农村土地承包关系并保持长久不变，在坚持和完善最严格的耕地保护制度的前提下，赋予农民对承包地占有、使用、收益、流转及承包经营权抵押、担保权能，允许农民以承包经营权入股发展农业产业化经营。鼓励承包经营权在公开市场上向专业大户、家庭农场、农民合作社、农业企业流转，发展多种形式规模经营。"《关于引导农村土地经营权有序流转发展农业适度规模经营的意见》进一步提出了农村土地产权"三权分置"的政策性规定，并指出："坚持农村土地集体所有，实现所有权、承包权、经营权三权分置，引导土地经营权有序流转。"中共中央办公厅、国务院办公厅于 2015 年 11 月 2日印发的《深化农村改革综合性实施方案》中提出农村土地产权制度从"集体所有权"和"土地承包经营权"转变为"落实土地集体所有权""稳定农户的承包权"与"放活土地的经营权"三权分置并行。2016 年10 月颁布实施的《关于完善农村土地所有权承包权经营权分置办法的意见》中明确强调并落实了农村土地产权制度"三权分置"的指导思想和基本原则。党的十九大报告中明确强调了："深化农村土地制度改革，完善承包到斯后再延长三十年。"（新华网，2017）2021 年《中共中央、国务院关于全面推进乡村振兴加快农业农村现代化的意见》中强调："坚持农村土地农民集体所有制不动摇，坚持家庭承包经营基础性地位不动摇，有序开展第二轮土地承包到期后再延长 30 年试点，保持农村土地承包关系稳定并长久不变，健全土地经营权流转服务体系。"习近平同志在党的二十大报告中提出："深化农村土地制度改革，赋予农民更加充分的财产权益"。（王颀，2022）农村土地集体所有权是根本和前提，明确了土地所有权主体；农户拥有的土地承包权是基础；农户享有的土地依法自愿有偿进行流转的经营权是关键，并且三权又是分置并行的。农村土地产权制度由"两权分离"到"三权分置"的变迁，明确了土地集体所有权的内容和归属、强化了农户个人对土地的既有产权、促进了土地资源在更大的范围内优化配置、符合了生产关系适应生产力发展的客观规律、契合了中国农民的"小农意识"观念、增加了参与土地流转者的财产。

　　没有最优的制度,只有适合的制度。农村土地产权制度从"两权分离"转变为"三权分置"符合产权制度变迁的要求;是一种潜移默化的诱致性制度变迁;也是政府部门通过政策法规因势利导做出的有效性调整和回应,它是继家庭联产承包责任制之后农村制度的重大创新。"三权分置"明确了土地产权的界定,为降低土地在市场机制交易中的交易费用提供了客观条件,推动了契约的可行性,为引导农村土地经营权有序化、规范化、合法化流转和农业适度规模化经营奠定了制度基础。

3.1.2　农村土地经营权期限的变迁

　　改革开放以来,农村土地经营权期限经历了由最初的农村土地使用权①期限两三年到在原定的耕地承包期到期后再延长 30 年,再到保持农村土地承包关系长久不变的演变过程,形成了农户与土地关系的稳定预期。

　　1980 年 9 月中共中央召开各省、市、自治区党委第一书记座谈会,指出在部分地区实行包产到户是联系群众,发展生产,解决温饱问题的必要措施;1982 年《全国农村工作会议纪要》正式承认了"包产到户"的合法性。家庭联产承包责任制实施的初期阶段,农村土地的使用权期限只有两到三年(温铁军,2000)。1984 年《中共中央关于一九八四年农村工作的通知》提出了"土地承包期一般应在十五年以上",这使得家庭联产承包责任制得到确立,农民与土地之间的承包关系得到保护,土地承包经营权的完整性得以稳定。在这之后的中央政策和措施,多以延长承包期限、稳定承包关系和增加农业投入为主旨。尤其是 2009 年、2010 年、2012 ~ 2014 年、2016 年以及 2018 ~ 2021 年的中央一号文件都强调了农地承包关

---

　　①　农村土地使用权是指公民和法人依照法律规定的条件和程序使用国家或集体所有的土地的权利。土地承包经营权是指承包者通过签订土地承包合同而取得的对农村集体所有或国家所有、由农村集体经济组织使用的土地的占有、使用、收益的权利。土地承包经营权属于土地使用权的范畴。杨秀华.论物权法中物权法定的基本内涵与适用[EB/OL].http://www.chinacourt.org/article/detail/2014/01/id/1193906.shtml,2014 - 1 - 15.

系长期不变的相关规定，如表 3 - 1 所示。

表 3 - 1 　　　　　政策方面：农村土地经营权期限的演变过程

相关时期或文件	农村土地经营权期限政策变化
1982 年中央一号文件《全国农村工作会议纪要》	正式承认包产到户的合法性
家庭联产承包责任制实施初期	农地使用权期限两到三年
1984 年中央一号文件《中共中央关于一九八四年农村工作的通知》	土地承包期一般应在十五年以上
1993 年《中共中央 国务院关于当前农业和农村经济发展的若干政策措施》	在原定的耕地承包期到期之后，再延长 30 年不变
2008 年《中共中央关于推进农村改革发展若干重大问题的决定》	赋予农民更加充分而有保障的土地承包经营权，现有土地承包关系要保持稳定并长久不变
2009 年中央一号文件《中共中央 国务院关于 2009 年促进农业稳定发展农民持续增收的若干意见》	稳定农村土地承包关系。抓紧修订、完善相关法律法规和政策，赋予农民更加充分而有保障的土地承包经营权，现有土地承包关系保持稳定并长久不变
2010 年中央一号文件《中共中央 国务院关于加大统筹城乡发展力度进一步夯实农业农村发展基础的若干意见》	稳定和完善农村基本经营制度。完善农村土地承包法律法规和政策，加快制定具体办法，确保农村现有土地承包关系保持稳定并长久不变
2012 年中央一号文件《中共中央 国务院关于加快推进农业科技创新持续增强农产品供给保障能力的若干意见》	稳定和完善农村土地政策。加快修改完善相关法律，落实现有土地承包关系保持稳定并长久不变的政策
2013 年中央一号文件《中共中央 国务院关于加快发展现代化农业进一步增强农村发展活力的若干意见》	稳定农村土地承包关系。抓紧研究现有土地承包关系保持稳定并长久不变的具体实现形式，完善相关法律制度
2014 年中央一号文件《中共中央、国务院关于全面深化农村改革加快推进农业现代化的若干意见》	完善农村土地承包政策。稳定农村土地承包关系并保持长久不变，在坚持和完善最严格的耕地保护制度前提下，赋予农民对承包地占有、使用、收益、流转及承包经营权抵押、担保权能
2016 年中央一号文件《中共中央 国务院关于落实发展新理念加快农业现代化实现全面小康目标的若干意见》	稳定农村土地承包关系，落实集体所有权，稳定农户承包权，放活土地经营权，完善"三权分置"办法，明确农村土地承包关系长久不变的具体规定
2018 年中央一号文件《中共中央 国务院关于实施乡村振兴战略的意见》	落实农村土地承包关系稳定并长久不变政策，衔接落实好第二轮土地承包到期后再延长 30 年的政策，让农民吃上长效"定心丸"

续表

相关时期或文件	农村土地经营权期限政策变化
2019 年中央一号文件《中共中央 国务院关于坚持农业农村优先发展做好"三农"工作的若干意见》	深化农村土地制度改革。保持农村土地承包关系稳定并长久不变，研究出台配套政策，指导各地明确第二轮土地承包到期后延包的具体办法，确保政策衔接平稳过渡
2020 年中央一号文件《中共中央 国务院关于抓好"三农"领域重点工作确保如期实现全面小康的意见》	抓好农村重点改革任务。完善农村基本经营制度，开展第二轮土地承包到期后再延长 30 年试点，在试点基础上研究制定延包的具体办法
2021 年中央一号文件《中共中央 国务院关于全面推进乡村振兴加快农业农村现代化的意见》	坚持农村土地农民集体所有制不动摇，坚持家庭承包经营基础性地位不动摇，有序开展第二轮土地承包到期后再延长 30 年试点，保持农村土地承包关系稳定并长久不变，健全土地经营权流转服务体系

资料来源：根据中共中央、国务院历年相关文件内容整理所得。

在法律法规方面，农村土地承包经营权既得到了法律的认可和保护，又在时间上得到了确认。例如，《中华人民共和国土地管理法》（以下简称为《土地管理法》）第十二条规定："土地的所有权和使用权的登记，依照有关不动产登记的法律、行政法规执行。依法登记的土地的所有权和使用权受法律保护，任何单位和个人不得侵犯。"《中华人民共和国土地管理法》第十三条规定："家庭承包的耕地的承包期为三十年；耕地承包期届满后再延长三十年。国家所有依法用于农业的土地可以由单位或者个人承包经营，从事种植业、林业、畜牧业、渔业生产。发包方和承包方应当依法订立承包合同，约定双方的权利和义务。承包经营土地的单位和个人，有保护和按照承包合同约定的用途合理利用土地的义务。"2007 年颁布执行的《物权法》第一百二十六条指出："耕地的承包期为三十年。前款规定的承包期届满，由土地承包经营权人按照国家有关规定继续承包。"2012 年底修订的《农业法》第十条明确指出："国家实行农村土地承包经营制度，依法保障农村土地承包关系的长期稳定，保护农民对承包土地的使用权。农村土地承包经营的方式、期限、发包方和承包方的权利义务、土地承包经营权的保护和流转等，适用《中华人民共和国土地管理法》和《中华人民共和国农村土地承包法》。"见表3－2。

表 3 - 2　　　　　农村土地承包经营权期限在法律法规中的演变过程

相关法律法规	农村土地承包经营权期限的变化
1998 年《中华人民共和国土地管理法》	土地承包经营期限为三十年
2002 年《中华人民共和国农村土地承包法》	耕地的承包期为三十年
2007 年《中华人民共和国物权法》	三十年承包期届满后，由土地承包经营权人按照国家有关规定继续承包
2012 年《中华人民共和国农业法》	依法保障农村土地承包关系的长期稳定，保护农民对承包土地的使用权

资料来源：根据《国家法律大全》第 6 版整理所得。

3.2　土地流转制度的变迁

改革开放后的 40 多年中国农村土地调整日益频繁，无论是政策还是法律法规方面，农地经历了从"禁止流转"到"放开流转"、从"限制流转"到"支持流转"以及现如今的"规范性流转"三个调整阶段。

3.2.1　从禁止农地流转到放开农地流转阶段（1979～1994 年）

3.2.1.1　国家调控为主，禁止农地私自流转

党的十一届三中全会通过的《中共中央关于加快农业发展若干问题的决定（草案）》与《农村人民公社工作条例（试行草案）》提出了建立严格的农业生产责任制。1978 年安徽凤阳县小岗村自发搞起的"大包干"是这一时期中国农村土地流转开始的标志。党的十一届四中全会通过的《中共中央关于加快农业发展若干问题的决定》中对"包产到户"在一定范围得到了默许。1982 年中央一号文件《全国农村工作会议纪要》明确规定："社员承包的土地不准买卖、不准出租、不准转让、不准荒废，否则集体有权收回；社员无力经营或转营他业时应退还集体。"同年颁布的《中华人民共和国宪法》第十条第四款规定："任何组织或者个人不得侵

占、买卖、出租或者以其他形式非法转让土地。"《中华人民共和国民法通则》（以下简称《民法通则》）第八十条也明确指出严格禁止农地流转。1983 年前后全国各地先后开始了第一轮土地承包工作，包干到户在农村地区普遍推行，1983 年底全国实行包干到户的生产队占总生产队的96.6%（赵德馨，1989），1984 年底上升到 99.9%（张红宇、陈良彪，1995）。1983 年中共中央、国务院颁布的《关于实行政社分开、建立乡政府的通知》正式宣告了人民公社的终结，以包产到户、包干到户为标志的家庭经营体制得到确立。这一阶段农村土地的流转形式是以国家调控为主，明令禁止农户个人私自进行流转。据相关统计，1981 年 10 月全国实行包产到户的生产队占总数的 45.5%，1983 年 11 月已经有 78.8% 的生产队实行了家庭联产承包制（金华新、郑成刚、马先福，2008）。

3.2.1.2 开放农地流转

伴随农村土地改革的深入和农业现代化发展的提高，农户间私自进行土地互换、转让等模式的流转行为屡见不鲜。首先，就此现象政府部门对农村集体土地所有者的身份进行了确认，这是农村土地所有权从国家转移到农村集体的标志，鼓舞了农村土地制度的区域多样性和自发性创新（姚洋，2000）。1986 年通过的《民法通则》修正案中首次在民法方面提出土地"承包经营权"的定义，并将土地承包经营权的性质界定为财产权，这是对其用益物权性质的认同。其次，《中共中央关于1984 年农村工作的通知》中提出了"土地使用权"的定义与"大稳定，小调整"的土地调整策略，同时表示农地流转时理应有补偿。1988 年通过的《土地管理法》修正案中提出，土地的使用权可以依法进行转让，并且施行有偿使用权制度。在土地市场逐渐形成的过程中，为了避免农地流转造成的频繁变动，防止农地被抛荒弃荒和被细分化，加强土地承包经营权的时间权重，国务院于 1987 年批准建立农村改革试验区，以此探寻农村土地向集约化、规模化发展的经验；1993 年颁布的《中共中央、国务院关于当前农业和农村经济发展的若干政策措施》规定在土地承包期内施行"增人不增地，减人不减地"

的政策。以上政策与法规的颁布和实施搭建了中国农村土地承包经营方式的基本框架，为今后农地流转制度的规范性提供了良好的环境基础。

这一时期农村土地流转的面积和比例很小，规模和范围很低，流转进度缓慢，根据《中国农村社会经济典型调查（1985年）》显示，1984年底进行农地转出的农户数占总承包户的2.7%，转出的农地占总农地面积的0.7%。根据全国农村固定观察点调查资料显示，1984~1992年，绝对没有农地流转行为的农户占总农户数的93.8%，只转让部分农地的农户为1.99%（温铁军，2000）。1992年全国共有473.3万承包户进行农地流转，占总承包户的2.3%；农地流转面积为1161万亩，占总农地面积的2.9%（曹跃群、蒋为、张卫国，2011）。从图3-1中也可以发现，1986~1991年全国农地流转面积呈现上升趋势，1991年达到这一时期的高峰期，农地转包出耕地面积为1.33亩/户，农地转包入耕地面积为0.36亩/户，此时正是改革开放初期，农产品净收益呈下降趋势，农村大量剩余劳动力进城务工，农地弃耕抛荒现象普遍。随后从1992~1994年全国农地流转状态却出现逐年下降的趋势。同样，东部地区、中部地区和西部地区的农地流转面积也是经历了一个先增长，在1991年达到流转面积最高值后再逐年减少的状况（见表3-3）。

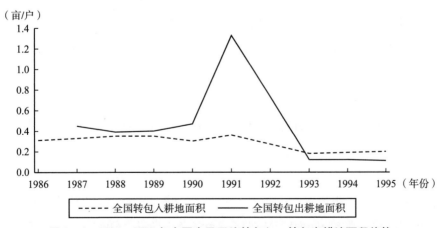

图3-1 1986~1995年全国农民平均转包入、转包出耕地面积趋势

资料来源：根据《全国农村社会经济典型调查数据汇编（1986~1999年）》整理所得。

表 3 - 3　　　　　1986~1994 年全国、东、中、西部地区农户

平均耕地总面积以及转包情况　　　　单位：亩/户

年份	全国			东部地区			中部地区			西部地区		
	耕地总面积	转包入耕地面积	转包出耕地面积	耕地总面积	转包入耕地面积	转包出耕地面积	耕地总面积	转包入耕地面积	转包出耕地面积	耕地总面积	转包入耕地面积	转包出耕地面积
1986	9.2	0.31	—	6.35	0.22	—	11.92	0.41	—	9.74	0.32	—
1987	8.9	0.33	0.45	6.19	0.23	0.11	11.94	0.51	0.96	8.14	0.2	0.15
1988	9.32	0.35	0.39	5.93	0.21	0.35	11.82	0.52	0.35	9.98	0.25	0.24
1989	9.03	0.35	0.4	5.68	0.21	0.27	12.39	0.58	0.62	9.11	0.23	0.3
1990	7.98	0.3	0.47	5.43	0.2	0.13	9.78	0.43	1.03	8.51	0.25	0.15
1991	8.47	0.36	1.33	5.19	0.22	1	11.26	0.52	1.87	8.34	0.32	0.94
1992	8.27	0.27	0.73	4.95	0.17	0.57	10.85	0.42	1.01	8.71	0.32	0.5
1993	8.06	0.18	0.12	5	0.11	0.13	10.39	0.32	0.15	9.07	0.21	0.06
1994	7.94	0.19	0.12	4.89	0.14	0.12	10.43	0.32	0.15	8.6	0.1	0.07

资料来源：根据《全国农村社会经济典型调查数据汇编（1986~1999 年）》整理所得。

3.2.2　农地的限制流转到支持流转阶段（1995~2007 年）

3.2.2.1　禁止土地大调整，严格限制小调整的时期

1995 年颁布实施的《国务院批转农业部关于稳定和完善土地承包关系意见的通知》对限制农村土地调整提出了明确要求和规定："尽量通过'动账不动地'的办法解决，也可以按照'大稳定，小调整'的原则，经该集体经济组织内部大多数农民同意，适当调整土地。但'小调整'的间隔期最短不得少于五年。"当年，农业部对全国 3 万左右的农户进行抽样调查，发现 4.09% 的农户将部分承包地转包给其他经营者，1.99% 的农户将全部承包地进行转出，10.68% 的农户转包入其他农户的土地从事农业生产经营（《中国农业发展报告（1995 年）》），1996；李胜兰、冯晟，2004）；1996 年全国家庭承包耕地流转面积比例只有 2.6%（李光荣，2016）。《关于进一步稳定和完善农村土地承包关系的通知》中又再次重申了"大稳定，小调整"

的土地调整政策和稳定土地承包关系的政策，特别指出原承包地和原土地所有权界限均不能打乱、打破或重新发包；而"小调整"只限于人地矛盾十分突出的个别农民进行的调整，不针对所有的农民。1998 年实施的《关于农业和农村工作若干重大问题的决定》中指出："要坚定不移地贯彻土地承包期再延长三十年的政策，同时要抓紧制定确保农村土地承包关系长期稳定的法律法规，赋予农民长期而有保障的土地使用权。"《中华人民共和国土地承包法》第四十八条规定："发包方将农村土地发包给本集体经济组织以外的单位或者个人承包，应当事先经本集体经济组织成员的村民会议三分之二以上成员或者三分之二以上村民代表同意，并报乡（镇）人民政府批准。"以上政策法规出台后，1998 年参与流转的农地为 3%～4%（姚洋，1999），我国农村土地流转市场出现低谷状态。《物权法》第一百三十条也明确规定："承包期内发包人不得调整承包地。因自然灾害严重毁损承包地等特殊情形，需要适当调整承包的耕地和草地的，应当依照农村土地承包法等法律规定办理。"依据《土地市场蓝皮书：中国农村土地市场发展报告（2015～2016）》中的数据显示：2004 年，全国家庭承包耕地流转面积比例增加至 10.5%，同时开启了禁止土地大调整，严格限制小调整的时期。

杨学成等（2001）表示，自从农村地区开始实施家庭联产承包责任制之后，山东省、江苏省、江西省和河南省四省 742 个村中 89.6% 的村对农地进行了不同程度的调整，平均调整次数为 3.9 次，大调整平均为 1.9 次，调整次数最多的达 23 次。叶剑平等（2000）针对这个时期的农地调整问题，对全国 17 个省份 1700 户农民进行调查，发现有 77.4% 的村最少进行过 1 次农地调整，只有 18% 的村的农地没有进行过调整；并且大调整[①]的比例为50.8%，小调整的比例为 49.2%，两种调整方式的比例几乎对等。黄季焜等（2012）以中国东部沿海地区的浙江与辽宁省、中部地区的湖北与河北省、

---

① 大调整：农地调整分为行政性农地调整和市场化农地流转。行政性农地调整指的是相关部门根据农户人口的多少对农地资源重新配置，农户合法、无偿地获得土地的承包经营权；行政性农地调整的主要形式为大调整和小调整。市场化农地流转是指以市场调节为主旨，有偿或无偿地获得土地经营权。

西部地区的四川与陕西省，6 省 30 个样本县 1200 个样本农户为调查对象
（见图 3 - 2），对 1982 ~ 2008 年间样本村中农地进行大调整和小调整的比例
数据进行分析，发现由于政府部门严格限制农地的大调整、有条件的允许农
地小调整，自 1984 年之后全国范围内进行土地小调整的比例大于大调整的
比例。1995 ~ 1999 年间农村土地流转市场呈现先抑后扬，高速发展的趋势。
从 1995 年相关政府部门开始对农村土地调整进行限制，1995 年样本村土地
的大、小调整均呈现下降趋势，1996 年样本村土地大调整比例降到最低值
0%，小调整比例下降到 20%。由于 1997 ~ 1999 年，全国各地第二轮土地承
包工作开始进行，农村土地大调整比例和小调整比例快速增长，并且 1998
年修订通过的《中华人民共和国土地管理法》中允许农地进行"有条件"
的小调整政策的确立，在双层外因的影响下，1999 年农村土地大调整比例
和小调整比例分别增长至 15% 和 40%，达到此阶段农地调整的最高峰。但
是，2000 ~ 2003 年样本村农地大调整比例和小调整比例再次呈现急剧下降趋
势，其中 2002 年样本村农地小调整比例下降至此时期的最低值 5.2%，2003
年的农地大调整比例又一次降至 0。这与 2002 年颁布实施的《中华人民共
和国农村土地承包法》中明确指出要严格限制农地调整有着密切关系（黄
季焜等，2012），中国农村土地流转市场呈现出低迷态势。

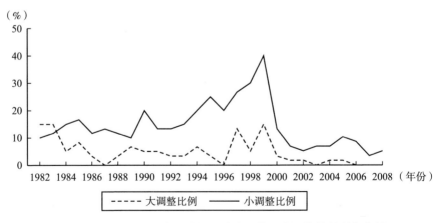

图 3 - 2   1982 ~ 2008 年样本村土地大调整、小调整的村所占比例

资料来源：黄季焜等：《中国的农地制度、农地流转和农地投资》，2012 年版，第 35 页.

3.2.2.2 土地流转的日益有序、完善阶段

由于"大稳定，小调整"的土地流转政策无法满足生产力的快速发展并逐渐成为现代化农业发展的障碍，一部分农民希望在保留"养老"地的基础上外出务工，将土地转让给其他农户代为耕种并收取额度不高的地租的现象日益频繁；另外一部分农民希望通过土地流转耕种更多的农地，在实现土地的规模经营的同时降低投入成本和交易费用，增加规模效益和规模收入。为此，相关政府部门允许放开农地流转政策，并于2001年底颁布实施的《中共中央关于做好农户承包地使用权流转工作的通知》中对农村土地流转的原则和程序做了详细的规定，为以后土地流转的规范性发展奠定了坚实的基础。同时于2003年3月实施的《农村土地承包法》肯定了农民拥有进行农地流转的权利、规定了如何进行依法自愿有偿的农地流转、发包方和承包方的权利与义务、承包的原则和程序、承包的期限和合同等条款的规定。该法的出台实现了农村土地流转的合法化，标志着我国农村土地流转制度的确立（刘淑春，2009）。农村土地流转市场呈现缓慢平稳的复苏状态，2002年上半年全国农地流转面积为6996.55万亩，占总农地面积的6.7%左右；2003年底全国农地流转面积占全国总农地面积的7%~10%（《全国农村社会经济典型调查数据汇编（2000~2009年）》）；2005年有9.1%的农地进行了流转（李作锋，2010）。2006年1月1日起废止了《中华人民共和国农业税条例》，这是政府将以税收形式体现的土地收益权归还给了农户，是农户拥有完整土地收益权的表现（郑佳佳和何炼成，2009）；同时，农业税的取消和之后政府部门实施的支农惠农政策更是为健全农村土地流转市场，发展多样化、有序化的农地流转模式提供了制度基础和法律依据。2007年3月颁布的《物权法》首次将"土地承包经营权"作为"用益物权"的一项重要内容，这对土地承包经营权的物权保护起到了强化作用。这一时期的农地流转呈现出以农户间自发形式为主的自愿化、小规模化和多样化发展的趋势，相继涌现出具有市场化农地流转特点的"两权抵押""两田制""股田制""土地换保险"以及"土地银行"等不同形式的农

地流转模式，我国农地流转的制度体系已初步形成。

　　这一阶段是我国农地流转实现从"限制流转"转变为"支持流转"的阶段。从全国农地平均流转面积总体趋势分析，中国农村土地流转面积依然呈现出平稳上升的状态（见图3－3），全国农户平均包入耕地的面积一直高于包出耕地的面积，并且当全国农户平均包入耕地面积呈现阶段高峰时，下一年全国农户平均包出耕地面积也会随之出现阶段高峰的状态。例如，此阶段全国平均转包入耕地面积三次逐一递增的高峰期分别是，1999年平均转包入耕地0.34亩、2002年平均转包入耕地0.44亩和2007年平均转包入耕地0.63亩；相继出现全国平均转包出耕地面积的三次高峰期为，2000年平均转包出耕地0.24亩、2003年平均转包出耕地0.3亩和2008年平均转包出耕地0.49亩（见图3－3），这说明农村土地规模化经营正在逐渐形成，且表现出平稳上升的发展态势（谷彬，2015）。

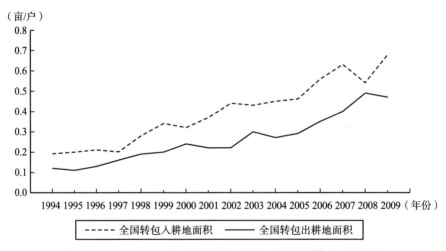

图3－3　1994～2009年全国农户平均包入与包出耕地面积趋势

　　资料来源：根据《全国农村社会经济典型调查数据汇编（1986～1999年）》和《全国农村社会经济典型调查数据汇编（2000～2009年）》整理所得。

　　这一时段在总体上处于平稳缓慢上升时期，但是东部沿海地区、中部发达地区或平原地区、西部发展落后地区或山地、丘陵、高原等区域间的农地流转差异非常明显，中部地区农地流转面积最多、流转率比例最高、增长速度最快；西部地区农地流转面积最少、流转率最低、增长速度最慢；东部地区居中（见表3-4）。截至2001年，全国各地以多种形式进行土地流转，发达地区最好的县市农地流转面积占总农地面积的比例为20%～30%，一般都超过10%；内陆地区最好的县市农地流转的比例大约是10%～20%，一般约为5%（张谋贵，2003），2005年农业部对全国东、中、西部地区20842户农民家庭进行抽样调查，发现东、中、西部地区的农地流转面积分别占总耕地面积的9%、11.6%、3.86%（李作锋，2010）。

表3-4　　　　1995～2007年全国、东、中、西部地区农户平均
耕地面积及转包面积情况　　　　单位：亩/户

年份	全国			东部地区			中部地区			西部地区		
	耕地总面积	转包入耕地面积	转包出耕地面积	耕地总面积	转包入耕地面积	转包出耕地面积	耕地总面积	转包入耕地面积	转包出耕地面积	耕地总面积	转包入耕地面积	转包出耕地面积
1995	7.79	0.2	0.11	4.89	0.17	0.11	10.36	0.28	0.14	8.12	0.13	0.08
1996	7.72	0.21	0.13	4.77	0.14	0.09	10.53	0.36	0.22	7.81	0.09	0.06
1997	7.67	0.2	0.16	4.85	0.13	0.11	10.28	0.34	0.27	7.75	0.07	0.08
1998	7.72	0.28	0.19	5	0.19	0.18	10.18	0.49	0.18	7.67	0.1	0.08
1999	7.84	0.34	0.2	5.3	0.18	0.16	10.27	0.65	0.29	7.78	0.11	0.1
2000	7.43	0.32	0.24	4.73	0.18	0.21	10.03	0.6	0.34	7.38	0.11	0.12
2001	7.63	0.37	0.22	4.68	0.19	0.16	9.93	0.69	0.34	7.67	0.13	0.14
2002	7.55	0.44	0.22	4.57	0.14	0.18	10.53	0.94	0.32	6.73	0.13	0.15
2003	7.25	0.43	0.3	4.35	0.19	0.29	10.1	0.85	0.36	5.99	0.23	0.25
2004	7.34	0.45	0.27	4.41	0.19	0.39	10.91	0.84	0.39	6.02	0.18	0.2
2005	7.32	0.46	0.29	4.32	0.19	0.25	11.03	0.96	0.4	6	0.17	0.19
2006	7.32	0.56	0.35	4.23	0.23	0.43	11.02	1.13	0.49	5.89	0.18	0.24
2007	7.22	0.63	0.4	4.51	0.32	0.28	10.8	1.26	0.66	5.82	0.19	0.21

注：整理数据发现同一年转包入耕地面积与转包出耕地面积不同，且出现全国转包入耕地面积增加时，下一年的全国转包出面积也会增加，原因有一种，需要进一步研究。

资料来源：根据《全国农村社会经济典型调查数据汇编（1986～1999年）》和《全国农村社会经济典型调查数据汇编（2000～2009年）》整理所得。

土地流转作为家庭联产承包责任制的一种行之有效的表现形式,在实践中对提高土地利用率实现农地资源优化配置,以及增加农业劳动生产率实现经济效益的增长都卓有成效。但是在实际运作中其弊端也随之暴露出来,所以稳定的土地承包关系、科学的土地流转机制以及适度规模化的农地经营方式已经成为中国农村土地改革的必然趋势和土地发生流转的重要原因之一。

3.2.3 农地流转的规范性阶段(2008 年至今)

为了顺应形势的发展需求,协调推动农业现代化和新型城镇化进程的实现,提高农业综合效益和竞争力的快速发展,加快农民增收以及农业增值,农业部依照中央的部署安排与相关部门一起起草了一系列鼓励发展农村土地流转和农业规模化经营的政策文件,为农地流转的规范化提供了依据和支持。2008 年 10 月通过的《中共中央关于推进农村改革发展若干重大问题的决定》明确了土地承包关系要保持稳定且长久不变的政策;在不改变土地集体所有制性质和土地用途、不损害农民权益的基础上,允许并支持农村土地进行多样化模式的流转。此项政策的实施突破了以往农村土地制度的改革,自此土地流转制度被确立为中国农村改革的新一轮轴心。2009 年 12 月颁布的《中共中央 国务院关于抓好"三农"领域重点工作确保如期实现全面小康的意见》明确指出,要全面落实承包耕地的面积、地块、证书、合同"四到户";继续做好农地流转的管理和服务工作;加强土地流转市场的建设;发展多种模式的适度规模化农业经营形式。2013 年 11 月党的十八届三中全会的召开对土地制度改革做出了重大部署。为了健全农地流转市场、提高农地流转的规范化水平,2016 年农业部下发《农村土地经营权流转交易市场运行规范(试行)》,对农村土地经营权流转市场的交易主体、交易的范围、条件、品种、信息等方面提出了详细严格的要求;对签订流转合同、开展交易鉴证、抵押登记以及发生的争议或纠纷等提出了公正规范的运行要求和仲裁诉讼申请。这为土地流转制度变革指明了方向。2014 年 7 月中国银监会、农业部颁布《金融支持农业规模化生产和集约化经营的指导意见》，明确指导原则：因地制宜、市场操作、政府引导和风险可控，特地指出农业发展银行、农村信用社、村镇银行和金融租赁公司要发挥业务专长，为农业集约化、规模化经营给予全方位、多元化金融服务。2015 年 11 月国务院办公厅印发《关于促进农村电子商务加快发展的指导意见》，支持使用网络平台完成农村土地流转交易。2021 年，农业农村部发布《农村土地经营权流转管理办法》，积极引导各地健全土地流转市场，鼓励农户依法、自愿、有偿的采取出租、转包、入股等模式流转农地，发展农地适度规模经营；截至 2020 年，全国 1239 个县（市、区）、18731 个乡镇建立农村土地流转服务中心，全国家庭承包耕地流转面积超过 5.55 亿亩；流转土地中用于种粮的达 2.95 亿亩（农业农村部，2021）。

重视农村土地流转问题的相关政策性文件还有连续多年以"三农"为聚焦的中央一号文件。1982～1986 年连续五年的中央一号文件均颁布以发展、促进和巩固家庭联产承包责任制为主要内容的农村改革政策；2004 年农业、农村问题再次成为中央一号文件的核心主题，之后连续 12 年的中央一号文件都锁定"三农"问题。2005 年中央一号文件《关于进一步加强农村工作提高农业综合生产能力若干政策的意见》中提出农村土地流转的相关问题，自此连续 17 年的中央一号文件都涉及农地流转问题。2006～2021 年持续 16 年的中央一号文件以依法、鼓励和引导农村土地经营权有序流转以及发展多样化适度规模流转模式为主题，这充分体现了农村土地流转在农村经济体制改革以及农村经济社会发展中的重要地位和历史必然性。农村土地流转市场化程度的提高，农地自我保障功能的弱化都是以政策环境和经济发展为诱因（许恒周，2013），虽然我国农村土地流转开展的时间并不长，但是进程却在稳步快速的推进，农村土地有序、专业化、适度规模化的经营模式正逐步形成。

随着我国市场经济和农业现代化、专业化经营的快速发展，农民就业的多样化和收入的多元化使全国农地流转面积明显增加，农地流转率呈快之势，适度规模化农业经营的发展成为必然趋势。2007 年全国农村土地流转 6372 万亩，占总耕地面积的 5.2%。2008 年全国农地流转 1.1 亿亩，占总耕地面积的 8.17%（洪明勇和钱龙，2015）。2013 年底，全国农村土地流转面积达 3.4 亿亩，流转比例超过 1/4，约为 25.7%，其中流转经营面积超过 50 亩的专业大户有 287 万家左右，家庭农场超过 87 万个；截至 2014 年底，全国有 4.03 亿亩农地发生流转，比 2013 年提高了 18.3%；流转面积占总耕地面积的 30.4%，比去年增长了 4.7 个百分点。据农业部统计数字显示，2015 年全国农地流转面积为 4.47 亿亩，占总耕地面积的 33.3%，当年流转合同签订率达 67.8%（王诗尧，2016）。截至 2016 年 6 月底，全国农地流转面积为 4.6 亿亩，超过总耕地面积的 1/3，大约为 34.3%（李佳，2016），2019 年全国家庭承包耕地流转面积增加至 5.54 亿亩，流转率为 35.9%（2019 年中国农村政策与改革统计年报，2020）。2020 年，全国农村土地流转面积超过 5.55 亿亩，流转率为 34.08%（农业农村部，2021）。全国家庭承包耕地流转面积呈现快速、稳定的上升趋势，如表 3-5 所示。

表 3-5 2009～2020 年全国农地流转情况

项目	2009年	2010年	2011年	2012年	2013年	2014年	2015年	2016年	2017年	2018年	2019年	2020年
流转面积（亿亩）	1.52	1.87	2.28	2.78	3.41	4.03	4.49	4.79	5.12	5.30	5.54	5.55
流转率（%）	12.00	14.65	17.84	21.24	25.70	30.36	33.30	35.10	37.00	38.00	35.90	34.08

资料来源：作者根据农业农村部数据整理。

就不同地区而言，2011 年底东部沿海地区农地流转率为 18.56%，中部发达地区或平原地区的农地流转率最高为 20.20%，西部发展落后地区或山地、丘陵、高原等地区农地流转率为 14.25%。2013 年底，东部地区的农地流转率增加至 26.06%，中部地区增加至 30.64%，西部地区增加幅度最小为 19.53%；当年农地流转率最高的省市分别为：上海市 65.81%、江苏省 56.96%、北京市 48.79%、浙江省 45.32%（刘守英，2016）。2014 年，上海等 8 个省市的农地流转比重超过 35%，具体为：上海市农地流转比重为 71.5%、江苏省占 58.4%、北京市占 52.0%、黑龙江省占 50.3%、浙江省占 48.0%、安徽省占 41.0%、重庆市占 39.7%、河南省占 37.1%［《土地市场蓝皮书：中国农村土地市场发展报告（2015~2016）》］，东部沿海地区的农地流转率增长比例明显高于中、西部地区；2014 年转出承包地的农户为 5833 万户，占全国农村承包总户的 25.3%，高出上年 2.4 个百分点，其中经营规模超过 50 亩的规模经营农户增加到 341.4 万户，比 2013 年增加近 24 万户，占总农户数的 1.3%［《中国农村土地流转市场调研与发展趋势预测报告（2017年）》］。2015 年部分东部沿海地区有超过 1/2 的农地发生流转，经营农地面积超过 50 亩的规模化农地经营者约 350 万户，家庭式农场、农村合作社、农业产业化龙头企业等新型农业经营主体数量在 270 万家以上（李佳，2016）。截至 2019 年底，全国农业农村部名录管理家庭农场达 85.3 万个，比 2018 年增加了 21 万个，同比增长 32.6%；四川省、安徽省、山东省、湖南省、江苏省、黑龙江省的家庭农场合计数达 45.4 万个，占全国家庭农场总数的 53.2%；而家庭农场经营的农地近七成来自流转交易（农业农村部，2020）。分析以上数据发现，1986 年至今，全国家庭承包耕地流转以中部地区流转率比例最高、东部地区次之却发展力度最大、西部地区最低；全国农村土地流转的总体规模和发展速度都在不断提高。

　　通过对我国农村土地流转制度历史变迁的梳理分析，发现无论是哪个阶段，农村土地流转的主要目的都是为了适应社会生产力的发展要求，通过对土地资源的重新配置，实现农地资源优化配置与农业生产效益增加，促进农业专业化经营和产业化调整，增加农民收入提高农民家庭生活水平。所以，推动多样化、适度规模化的农村土地流转模式和促进农村土地流转市场的完善，对于实现规模化、集约化和专业化的现代农业经营体系起着重要作用。

3.3 农地流转存在的主要问题

农村土地的流转本身就是一种交易关系，是生产力发展的客观要求，目前我国实行的以家庭承包经营为基础、统分结合的双层经营体制，造成农村土地流转规模和范围较小、流转期限很短、流转形式不规范的特征；由于我国农村土地流转正处于发展阶段，农地流转市场发展不健全，流转交易运行机制还不规范。部分农村地区出现农地抛荒弃荒和细碎化现象，农地细碎化程度高、经营规模过小，增加了农地流转的交易费用，制约了土地流转交易顺利规范的运行；不规范的流转交易和不健全的流转市场造成了流转收益的不均衡，妨碍了农地规模化经营的顺利实施，农村社会保障体系和公共产品的不完善，加剧了农民对土地的依赖，土地成为农民生存养老以及医疗的最后保障，农民不愿意因为农地的规模化流转"失去"土地。基于以上原因，中国农村土地流转市场呈现出发展速度总体较快、不同区域发展差异较大、流转模式仍处于较低水平的状态，适度规模化的农地流转模式难以实现。

3.3.1 土地细碎化导致交易费用增加，严重阻碍了土地流转

家庭联产承包责任制下的土地分配过程是导致农村土地细碎化的主要原因之一。土地承包的基础是农民的村民身份，土地是不可移动的资源，其肥沃程度和地理位置都不相同，农民要求土地承包的公平，村集体的多个地块决定了农民承包多个地块，而每块土地的面积受限，所以农村土地经营权的高度分散性造成了土地细碎化现象。1984 年全国家庭承包经营农地面积为 8.4 亩/户，每户平均承包农地 9.7 块，每块农地平均面积约0.9 亩（黄贤金、哈瑞柯等，2001）；2003 年全国家庭承包经营农地面积为 7.5 亩/户，每户平均承包农地 5.7 块，平均每块 1.31 亩左右（刘强，

2010）。这种远近搭配或好坏搭配的公平分配农地的方式导致在进行土地经营权的流转过程中交易费用增加，农业生产经营的规模效益减少，阻碍了适度规模化农地流转的趋势，不利于具有规模效应的现代化农机设备和农业技术的推广运用。而土地流转交易发生的频率、不确定性以及资本专用性投资的程度都是影响农地流转交易中产生交易费用的因素（Williamson，1979）。农村土地细碎化从三个方面造成了交易费用的增加：

第一，农地细碎化使得小规模小范围的传统耕种方式增加了人力资本和实物资本。而人力资本和实物资本的投入均属于资本专用性投资的程度。例如，农用机械设备在分散的或不同的地块间移动时增加了设备的使用率，不利于先进设备的规模化运用，降低了规模效率、增加了生产成本；农户在分散的或不同地块间移动时占用了大量的劳动时间，不利于农地经营和监管，并且人力资本投入成本高、获利少，阻碍农业绩效的提高，影响生产率；分散的细碎化的农地增加了道路和排涝灌溉等基础设施的修建费用，具有社会外部性（Simons，1987）。以上都造成了资本专用性和农业经营成本的增加，即农民家庭的管理型交易费用的增加。

第二，农村土地是依据公平分配的原则承包给农户的，与当时的计划经济体制相关，并且也适应于当时追求农业产量的需求；农地的肥沃程度、地形条件、地理位置、地块数量以及交通便捷状况几乎持平，但是承包的土地没有实现连片集中经营，而是农户家庭单家单户经营分散成块的土地，造成了后期农地细碎化现象严重。例如，山东省人多地少，农村家庭承包地过于分散，村委会为了确保公平性，分地时势必造成土地细碎化。流入方为实现农地的规模化经营，需与众多农户进行交易。每个规模化流入户平均需要与59户农户进行交易，所需时间要半年以上（李秀彬等，2018）。通过表3-6可以发现，中部发达地区的农户平均承包耕地面积要高于东部沿海地区和西部地区或粗略计算发现中部地区的农户平均承包耕地面积是东部沿海地区平均每户承包耕地面积的1.6～2.6倍左右。西部地区或由于自然环境和地理位置的原因，农地的地块数最多、分布最零散、细碎化程度十分严重，伴随农业政策的改革，西部地区农地细碎化问题正逐步改善；中部地区农地地块的数量逐渐减少，并且农户承包耕地平均面积减少缓慢，所以此区域的农地细碎化问题改善速度相对较快；东部沿海地区进展速度相对最缓慢。农地细碎化和小规模分散经营的家庭承包责任制经营模式必然导致农地肥沃程度和位置严重偏差，增加了农户选择种植作物或是否进行农地流转交易等方面的决策难度，进而使得信息费用、决策费用和谈判费用的提升。

表 3 － 6　　　　1986～2009 年全国以及东中西部地区承包耕地的
平均面积和经营耕地的平均地块数

年份	承包耕地平均面积（亩/户）				经营耕地平均地块数（块/户）			
	全国	东部地区	中部地区	西部地区	全国	东部地区	中部地区	西部地区
1986	8.89	6.13	11.51	9.42	8.43	6.65	7.98	12.04
1987	8.57	5.96	11.43	8.06	8.37	6.48	7.94	12.49
1988	8.97	5.72	11.3	9.73	8.32	6.83	7.76	11.24
1989	8.67	5.47	11.81	8.88	7.93	6.59	6.78	11.5
1990	7.68	5.63	9.35	8.26	7.83	6.14	7.29	11.02
1991	8.11	5.21	10.74	8.02	8.22	5.95	7.23	12.99
1993	7.79	4.67	10.11	8.86	7.05	5.44	6.2	10.44
1995	5.72	3.8	7.37	6.05	6.47	4.78	5.84	9.76
1996	5.94	3.79	7.95	6.05	6.24	4.62	5.68	9.38
1997	5.65	3.82	7.22	5.87	6.12	4.45	5.52	9.27
1998	5.73	3.63	7.48	5.91	6.11	4.62	5.36	9.02
1999	5.75	3.85	7.51	5.78	6.06	4.45	5.31	9.36
2000	5.51	3.39	7.56	5.49	5.9	4.16	5.22	9.14
2001	5.5	3.26	7.33	5.8	5.75	3.94	5.16	8.86
2002	5.51	3.25	8.12	4.74	5.75	3.91	5.03	8.85
2003	5.4	3.48	7.54	4.91	4.91	3.51	4.76	6.75
2004	5.74	3.58	8.26	4.92	4.96	3.49	4.5	7.27
2005	5.74	3.45	8.49	4.86	4.79	3.35	4.46	6.84
2006	5.66	3.25	8.39	4.74	4.71	3.22	4.28	6.82

续表

年份	承包耕地平均面积（亩/户）				经营耕地平均地块数（块/户）			
	全国	东部地区	中部地区	西部地区	全国	东部地区	中部地区	西部地区
2007	5.44	3.54	7.93	4.47	4.44	3.2	4.2	6.19
2008	6.39	3.26	8.06	4.47	4.26	3.13	4.05	5.96
2009	5.61	3.52	8.23	4.85	4.1	3.78	3.83	4.96

资料来源：根据《全国农村社会经济典型调查数据汇编（1986～1999年）》和《全国农村社会经济典型调查数据汇编（2000～2009年）》整理所得。

第三，如果农地流转交易得以实现，对于农地的转入方而言，集中连片的农地有利于流转交易的顺利实行和规模化经营效益的实现，但是细碎化的农地和家庭小规模分散式的农业经营模式势必会带来农地资源利用上的损耗。只有通过土地流转交易实现土地的集中或合并或连片的规模化经营，才能带来收益的提高和农地利用率的提升（黄贤金等，2001），但是农地的合并整理却需要支付较高的农地整理费，进而增加了交易费用，降低了农地流转效率，影响了农业规模化生产经营的进一步进程。

3.3.2　农村公共产品不足，农村社保制度不健全

农村公共产品是指在农村区域范围内，为满足农村、农民和农业的发展提供的具有非竞争性、非排他性以及收益外溢性的服务或物品，具体分为准公共产品和纯公共产品[①]（陈映，2006；陈瑛，2010）。近几年来，

---

① 农村公共产品依照收益排他性、消费竞争性以及外部性分为准公共产品和纯公共产品两类，在现实生活中，多数农村公共产品以准公共产品的形式存在。农村纯公共产品是指在消费过程中具有完全非竞争性和非排他性的产品，由政府部门免费提供的物品，例如农村基层政府行政服务、农业基础科学研究、农业发展战略研究、农业信息系统、农业发展规划以及农业环境保护等。农村准公共产品是指介于纯公共产品与私人产品之间的、在消费过程中具有非排他性和不完全非竞争性的产品（陈映，2006）。具体包括：（1）在性质上近乎纯公共产品的准公共产品，例如社会保障、公共卫生、义务教育、电力设施建设、防洪防涝设施建设、农业科技成果推广等。（2）一般准公共产品，例如农村高中（职高）教育、水利设施、医疗、乡村道路建设等。（3）在性质上近乎私人产品的准公共产品，例如农村电信、电视、成人教育、自来水等（陈瑛，2010）。

政府部门为了构建完善的农村社会保障体系已经投入了大量的资金和人力物力，农村养老保障、医疗卫生、医疗保险、农村居民最低生活保障和社会救助等农村社会保障体系的构建均处于完善和逐步推广阶段。农村公共产品的有效供给和获得的难易程度，是农民提高生活水平的关键，也是实现新农村建设的有力保障（陈瑛，2010）。

但是在现实生活中，农村公共产品供给不足和城乡供给失衡严重制约了农村社会保障制度的完善，其中农村医疗卫生服务的城乡差距和供给不足最为突出。例如，1991～2000年政府部门投入到农村医疗卫生方面的费用为690亿元，占医疗卫生总预算的15.9%，同期全国新增医疗卫生经费中仅有14%的费用投入到了农村地区；1990年城市医疗卫生费用为396亿元，是农村地区医疗卫生费用的1.13倍；1990年城市人均医疗卫生费用为158.8元，而农村居民人均费用只有38.8元；2004年城市医疗卫生费用为4939.2亿元，是农村地区医疗卫生费用的1.86倍，城市人均医疗卫生费用为1261.9元，而农村居民人均医疗卫生费仅为301.6元（张敏、董建博，2010）；截至2005年底，全国有50%的行政村未通自来水，6%的行政村没有通公路，1%的乡镇没有建设卫生院等医疗机构（王世玲，2005）。农民就医首选是到村级诊疗室或乡镇卫生院，这两类医疗部门的医疗基础设备简陋、卫生技术工作人员的服务能力和专业技术普遍偏低，农民缺乏基本的医疗卫生服务和医疗保障，看病难看病贵的现象普遍存在，由此可见，农村公共产品的供给不仅存在量的差别，还存在质的差别。此时，土地就代替农村社会保障体系成为农民生存养老和救命看病的最后保障、承担着养老保险和医疗保险双重责任，具有很强的社会保障功能。

同时，土地还属于农户的"社会福利"，承担着失业保险、居住保险等多种保障功能。如果农民从事非农就业收入较低或岗位不稳定等情况，农民就会选择返家务农。农民对土地生存依赖的意识加强，他们恐惧失去或不愿意离开土地，认为拥有土地生活就有了退路和保障，为此，他们会选择严禁、限制农地的流转或选择短期口头契约的流转方式，从而造成农业经营兼业化和农地流转短期化。

3.3.3　土地流转市场不成熟和流转方式不规范，增加了交易费用与契约选择的难度

成熟、规范的农村土地流转市场可以提供准确有效的农地信息和市场信息，促进交易双方的互动和交易进程的顺利实施，通过共同协商确定市场价格、交易期限和交易数量，实现交易费用的降低，推动农地有效快捷的流转。农地流转市场化程度越高、交易机制越成熟，越有利于农民平稳、快速地从流转农地中实现稳定的非农就业岗位和经济收益的增长，对于土地资源的流转具有催化作用，因此适度规模化的农地流转更需要成熟、规范、健全的农地流转市场为支撑。

目前，我国农地流转市场缺乏系统明确的指导农地流转的政策和法规，缺乏完善的服务体制和行之有效的运行机制，至今没有建立统一、规范化、规模化的农村土地流转市场。由于缺乏明确的、权威性的政策和法律规范，农地流转市场呈现透明度差、公平性低、交易费用较高的特点；由于不完善的流转市场和不规范的流转方式使得交易双方无法获得精确有效的信息，信息的受阻或信息辐射面较小也增加了交易双方的市场型交易费用。农地流转是农户在追求收益最大化的驱动下的一种市场交易行为，农户是追求利益最大化、风险最小化的理性经济人，当流转市场不成熟以及流转方式不规范时，农户首先会"理性"避开风险，选择"安全性"最强的村内、组内或熟人间的小范围小规模的流转模式，同时选择机动性较强的口头契约形式。但是口头契约形式的稳定性差，双方的利益和权利都不能受到法律的保护，为今后不必要的纠纷留下隐患。并且口头契约的风险性和随意性较大，农地流入方会理性的分析利益得失和风险大小，进而产生种田积极性不高、资本和人力投入减少以及缺少对经营方针和经营计划的长期规划，不利于具有规模效应的现代农业经营和农业技术的应用推广，影响了农地整体效用和生产率，造成农地的商品化程度较低，增加

了正式契约的选择难度,导致流转市场供求失衡,造成农村土地流转的规范化、市场化发展困难。

我国多数农村地区由于流转方式不规范、流转市场不成熟,形成了以口头契约为主的土地流转模式,如转包、出租、互换等。这类模式的共同点为:流转交易多是在邻里和亲朋之间得以实现;处于分散、无序的流转状态;这种模式虽然具有再分配的行为却不具备明显的使农地资源优化配置的效果;这种模式多选择口头契约,缺乏法律保障和安全性,风险性较大,无形中阻碍了农地规模化、集聚化的经营。黄季焜等(2012)通过调研,发现 2000 年全国有 64.91% 的土地流转发生在亲属之间,27.2% 的土地流转发生在熟人间;有 95.32% 的农户在进行农地流转的交易中选择了口头契约,仅有 4.68% 的农户选择书面契约。2008 年全国有 60.27% 农地是从亲戚间转入的,35.89% 的农地流转发生在熟人间;并且选择口头契约的为 93.72%,而选择书面契约的只有 6.28%。

3.3.4 农地流转速度加快,但仍处于较低水平

我国农村土地流转市场于 1996 年起步,起步虽晚,但发展速度较快。1996 年全国转入农地的农户仅有 3%,2000 年增加到 10%,到了 2008 年全国转入农地的农户达 17.1%(黄季焜等,2012)。党的十七届三中全会召开之后,我国农地流转呈现出流转速度高速化、流转范围扩大化、流转模式多样化和农业产业化发展的特点,流转范围由原来的本村本组内进行流转交易扩展到与家庭农场、合作社、农业企业等新型经营主体进行流转交易,有效地推动了农地规模化流转和现代农业的产业化发展。

但是,占据主要地位的流转模式却呈现出单一化和规模小的趋势,多以血缘、亲缘、地缘为依托且无序自发的土地流转模式为主。逐渐形成了以转包出租为主,其他流转模式为辅的特征,这与流转市场体系不成熟、缺乏有效性和规范性有着密切关系。2007 年底转包和出租占总流转的78%,互换和转让模式分别占总流转的 4.5% 和 8.3%,股份合作制流转

模式仅占 3.8%（伍婷，2014），截至 2014 年底，全国农地流转模式中，转包和出租模式的比重分别为 46.6% 和 33.1%（李佳，2016）。而互换调节耕地、代耕代种以及转包这三种流转模式的共同点就是：都依据血缘、亲缘、地缘为主要依托，处于无序、自发流转的状态，多以口头协议为主，只起到暂时降低交易费用的作用；村内或组内农地的流转无法实现农地集中连片经营趋势，降低了农地资源再分配效率，影响了农业经营的规模化效益。

我国东、中、西部地区，区域内或区域间的流转情况差别较大。2000 年和 2001 年浙江省流转农地面积和农地流转占总耕地面积的比例分别是 12.4% 和 13.53%，四川省仅为 5.6% 和 9.5%（李以学、彭超，2009）；2000 年广东、江苏、湖南三省的农地流转面积占比为 7.9%、2.2% 和 2.8%，2006 年分别增加至 14.4%、12.1% 和 6.3%（朱斌，2008）。由此可得，经济发展程度较高的地区农地流转规模化程度较高；偏远或经济落后的中、西部地区农地流转规模较小、流转速度相对较慢，不利于现代农业规模化经营的发展趋势。

3.4　本章小结

通过对农村土地产权制度变迁路径的探讨，发现家庭联产承包责任制改革实现了农村土地所有权与使用权的分离；土地产权由"两权分离"到"三权分置"的转变，实现了农村土地承包权与经营权的分离。农地产权结构的制度转变是产权制度不断提高的过程，从"禁止流转"到"规范性流转"属于农村土地流转政策的外部调整，从"农地使用权期限只有两到三年"到"农地承包关系长久不变"以及强化农村土地经营权的法律地位和物权性质属于农地流转模式的内部调整。为了实现农村土地规范有序地流转，政府部门在稳定土地产权的基础上，努力完善土地经营权流转的市场化和服务社会化机制，为农村土地制度的创新提供环境基础和必要条件，这在 2015 年 11 月 2 日颁布实施的《深化农村改革综合性实施方案》中得到体现。为了实现适度规模化农地流转和现代农业的规模效应，政府部门和相关经济组织通过农地流转将分散化的经营权和细碎化的农地适度集中整合起来，为具有规模效益的现代农业生产经营和农业技术的推广应用提供了必要条件，这在 2003 年 3 月颁布的《农村土地承包法》中得以体现（黄少安，刘明宇，2006）。

通过对农村土地流转制度的演变路径的探讨，发现农村土地流转制度的改革是典型的"诱致性制度变迁"，经历了三个阶段的调整，"禁止流转"到"放开流转"阶段，"限制流转"到"支持流转"阶段和如今的"规范性流转"阶段。土地流转的主要目的是在充分保障农民土地权益的基础上，通过对土地资源的重新配置，通过构建行之有效的流转市场，实现农业规模化效益的提高和农民收入的增加。所以说，在促进现代化农业和新农村建设的进程中，农村土地经营权的流转是解决农地结构性矛盾的关键，培育多样化的农村土地流转模式是实现农地资源配置公平与效率并存的重要环节，更是农村土地流转制度创新的重要内涵。

第 4 章

交易费用、契约选择与农地流转模式

自农村土地改革和经济体制转型①以来，我国农业生产获得了新的生机并迅速发展。经济社会的持续发展和城乡一体化进程为农村劳动力创造了进城务工的就业机会，农民家庭非农收入增加，农户对农地的投入随之减少、但投入成本却很高；形成了农地分割零散、农户经营农地的规模太小、农地资源配置效率很低，农业生产成本高、获利少、农民增收困难的现状。只有实现农地的适度规模化、现代化和可持续化的合理流转，才能够达到我国农村经济的长远发展、提升农业生产净收入、充分发挥农地生产效率、提高农地使用率、减少农地的分割细碎化的目标。

本章在上一章研究的基础上，通过分析对比农村土地流转过程中产生的以及涉及的交易费用，发现市场型交易费用影响了农户对农地流转模式的选择；管理型交易费用和政治型交易费用影响了新型经营主体和中介机构的执行和实施；政治型交易费用与当地政府部门的政策制度、财政支持有密切联系。

---

① 新中国成立以来三次大的经济体制转型分别为：第一次是新中国成立初到 1956 年后，从建立公有制为主体的多种经济成分并存的经济，向高度集中统一管理的计划经济体制的转变。第二次是党的十一届三中全会以后，从单一的公有制经济转变为以公有制为主体的多种经济成分并存的经济，从计划经济转变为以计划经济为主、市场调节为辅的经济。第三次是从 20 世纪 90 年代以来，向社会主义市场经济体制转变，由粗放式经营向集约化经营转变。

4.1　农地流转的交易费用分析

4.1.1　交易费用分类

1935 年约翰·康芒斯在《制度经济学》中将交易概念化、一般化，并把交易划分为三种类型：买卖的交易（市场交易），是市场型交易费用的来源，是平等人之间的交换关系；管理的交易（企业交易），是管理型交易费用的来源，是上级指挥与下级服从的关系；限额的交易（政府交易），是政治型交易费用的来源，是政府与个人的关系。三种相互依存的交易共同构成社会财富分配系统。可以说交易费用无处不在，它强调的是过程的分析，是建立在有限理性和行为机会主义的微观基础之上的（弗鲁博顿、芮切特，2012）。威廉姆森（1985）提出，交易费用是经济体系运行必须支付的代价或费用，而不确定性与复杂性（市场的不确定性、知识资源等方面供给的不确定性、对事物分析评价的不确定性）、交易发生的频率、机会主义（外部经济效应、信息的不对称性、交易方的有限理性），以及交易的资产专用性（交易前后的谈判费和执行费、规模农场主或经营组织或农户家庭的管理型交易费用）等，是影响交易费用产生的因素（威廉姆森，1975，1979）。诺斯（1990）提出，交易费用是规定和实施组成交易基础的契约的费用，包括经济从贸易中获得的政治和经济组织的一切费用。

弗鲁博顿和芮切特（2012）将交易费用分为市场型交易费用（market transaction costs）、管理型交易费用（managerial transaction costs）和政治型交易费用（political transaction costs）三种类型，并指出：交易费用最典型的情形是使用市场的费用以及企业内部发号施令的费用，前者是市场型交易费用，是信息搜集、信息处理、谈判决策与监督契约执行等费用；后者是管理型交易费用，是建立、维护、使用或改变一个组织设计的费用与运行的费用。两者被看作是在界定的政治背景下发生的（弗鲁博顿、芮切特，2012），为提供这种背景或一个体制中的非正式或正式政治组织的费用、政体运行的费用以及与之相关的公共物品生成的费用就是政治型交易费用，所以说政治型交易费用对政治体制转型的国家具有重要意义，如图4-1所示。

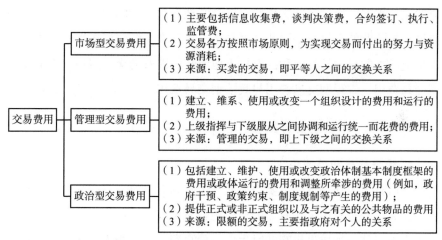

图4-1 弗鲁博顿、芮切特的交易费用分类

资料来源：埃里克·弗鲁博顿，鲁道夫·芮切特.新制度经济学：一个交易费用分析范式[M].姜建强，罗长远，译.格致出版社，2012：33-37.

4.1.2 农地流转中的交易费用

为了实现市场交易，需要发现哪些人想进行交易，然后告诉他们交易的方式，通过谈判缔结契约，并对契约条款进行监督管理和履行等（Coase，1960），可以说交易费用是通过人与人之间的交涉产生的，反映的是人与人之间的关系。有限理性、机会主义和资产专用性决定了交易费用的存在（Williamson，1985），越低的交易费用，越能够将资源转移给可以使资源更有效率的使用者（North，1990），越有可能产生更多的供求交易；越高的交易费用，越有可能妨碍交易的实行。而宏观的市场环境和微观的交易环境也影响了农地流转交易的进行。我国农村土地流转方式的多样性决定了交易费用的多样化，在农村土地流转的过程中，也就是农户和承租方交易的过程中，交易费用制约着资源的重新配置和效率的提高，如果交易费用太高，有可能无法实现双方或多方的直接交易，土地资源的重新配置和效率的提高也就不能实现。所以，在农地流转的交易过程中，降低或避免交易双方的交易摩擦费用是资源优化配置的前提，决定了农地资源配置效应的优化程度。通过降低交易费用可以实现农地、劳动力、资本、先进农业技术等资源的有效配置以及合理利用，达到农业绩效稳健增长和农民收入快速增加的目的。目前我国农村土地流转中涉及的交易费用主要有市场型交易费用、管理型交易费用与政治型交易费用。

4.1.2.1　市场型交易费用

1. 信息搜寻和处理费

一项具体的交易首先需要个人或群体找到有意愿进行交易的他人或群体，在寻找的过程中无法避免的产生消耗时间和资源的费用，这些费用包括个人或群体与物质世界交涉时生成的信息费，或人与人之间沟通交流时产生的信息费。无论是土地的流出方还是流入方，都需要面对信息的不对称性，这就需要交易的双方或多方对获得的农地流转市场的供求信息做进一步的有效分析和筛选，而这一过程也将耗费时间和资源。从农地转出方的角度分析：第一，需要搜寻有转入农地需求的转入方和潜在转入方的信息。第二，需要了解转入方的资金实力、信誉度、诚信度、技术实力以及土地流转后的用途和使用强度等信息。第三，需要了解地租涨幅范围的信息。从农地转入方的角度分析：第一，需要获得愿意转出农地的转出方或潜在转出方的信息，了解愿意进行流转交易的土地的肥沃程度、面积、区位、交通以及灌溉排涝等公共基础设施的情况，并通过对比分析农地的成本和收益。第二，需要搜寻潜在竞争者的意愿、资金或行动，以及准备进行流转的农地的市场供求现状等方面的信息。第三，需要收集村委会与农户或其他经济组织间的信息，包括村委会对农地流转的意愿、态度和了解情况、村委会与农户或其他经济组织之间的利益关系等。

　　我国农地流转市场发育不成熟、中介服务机构也不完善，无法在完全竞争市场中和完备供求信息机制中引导农地流转交易的市场化发展。农户受社交圈和生活范围的约束，如果他们超出了属于自己的社交圈和生活范围去寻找交易对象，那么信息费用将会明显增加。传统的信息传播方式受时间约束和空间限制，造成信息传播时间滞后、传播覆盖率小；并且传统的信息传播方式存在信息量不足、内容的真实性难以确定和监管的问题，信息虚报作假现象时有发生。政府部门提供的有关农地流转的信息，渠道狭隘，作用有限（关艳，2011）。由于农户承包地的面积有限，交易数量较小，当农地流转交易的潜在收益低于信息搜寻费和信息处理费时，农户扩大交易范围寻找交易对象的动机降低；农户是追求利益最大化的理性经济人，他们希望在节约信息费用（包括信息搜寻费和信息处理费）和降低失地风险的前提下，通过土地流转获得地租和外出打工的非农收入，因此以血缘、亲缘、地缘为主要形式的小范围局域性的农地流转方式就产生了。经调查发现，75% 的农民愿意在本村或本组内转入农地，60% 的农民愿意将农地转给亲友等熟人耕种；63.64% 的农民是通过私下协商的形式进行农地流转的，36.36% 的农民通过村委会组织协调的途径流转农地（关艳，2011）。

2. 谈判和决策费用

　　当农地的转出方与转入方找到了适合的信息需求后，就会对流转农地的面积、期限、价格、流转模式等因素或契约条款进行谈判、协商并最终做出决策，这个过程需要支付顾问费、企业内部决策费以及求助法律的建议费；也就是交易双方对农地流转中的成本分担和利益分割达成共识所必须支付的费用。然而，在现实生活中不是所有的交易费用都可以在市场中得以体现（Wallis and North，1986）并达成共识，即使"三权分置"明确了土地的承包权和经营权的界定，但是交易双方和交易内容仍然具有不确定性。伍振军（2011）等通过构造交易费用函数发现，农地流转模式的不同，在对契约形式与交易费用的选择时也不尽相同。何一明、罗必良（2012）等表示，农地流转中农户的交易对象不同，谈判能力的差异影响着契约的签约行为。

信息的不对称性使得农户（转出方）处于劣势地位，农户的小规模分散性经营使得单一农户与种粮大户、合作社或农业企业等新型经营主体在进行交易中处于劣势地位，即使农户占据地缘优势，但是其没有与新型经营主体进行交涉谈判的意识和能力。为了实现规模化农业经营，需要将农地连片集中起来，还需要村委会将农户组织起来与新型经营主体进行谈判协商。农户是追求利益最大化的理性经济人，所以普遍存在"搭便车"的行为动机，这就增加了谈判的难度和费用；在谈判的过程中，农户的"理性的利己主义"行为促使他们需要从多个方面考虑和提防新型经营主体的机会主义行为，决策费随之增加。同样，新型经营主体也不愿意耗费时间进行挨家挨户的交涉，更不愿意承担这项谈判费。由于农地流转中尚未形成系统的定价体系，契约条款确定过程中存在语言文字上的模糊行为或侥幸行为，增加了契约的复杂性和交易的无效性，也就增加了谈判或决策过程中等待和消耗的时间、提高了法律咨询费以及交易的难度。越规范的市场，农地流转的风险越低，农户参与流转的意愿就越强烈（刘洋、刘惠君，2011），不规范的农地流转市场和诸多不确定性导致交易费用偏高，限制了流转市场的发展（关艳，2011）。同时，我国农户平均经营农地的面积远低于规模化农业生产经营的要求，多是散户农民从事单家单户的农耕活动，如果农户扩张农地经营规模，需要与诸多其他农户进行交涉，谈判协调的对象增加，谈判费会呈现边际递增趋势（钱忠好，2003）。

农民受教育程度、年龄、非农就业率和家庭非农收入以及政府部门的监管和服务职能等因素也影响着交易双方的决策意愿和参与积极性。其中非农就业率的提高可以降低农户对土地的依赖（李明艳、陈利根、石晓平，2010；刘洋、刘惠君，2011），非农收入越高越稳定，越倾向于农地的流转（曾福生、唐浩，2010；柳青，2016）；农地流转的租金越高，农户进行农地流转的意愿也越高；农户的年龄越大或越小，倾向于农地流转的意愿越强（刘洋、邱道持，2011）。当地政府部门积极发挥管理和服务职能的程度越高，农户对政府的信任度也越高，农地流转也就越容易进行（刘洋、刘惠君，2011；刘洋、邱道持，2011）。

3. 监督和执行费

当交易双方就农地流转问题达成一致性意见，将其具体表现到契约形式和契约条款中并签署契约时，为了避免交易双方的欺骗行为和机会主义行为造成福利水平和农业总产出水平的损失等不良后果，交易双方还需要共同承担契约的监督和执行的费用，杜绝一切可能违约的行为。

对于土地转出方而言：在土地产权未实行"三权分置"时，农户担心农地流转出去后"失去"农地，所以农民不愿意选择期限较长的流转交易，而期限较短的流转交易费用较高。经调查39.54%的农户担心转出失去或难以收回农地（关艳，2011），所以随时违约收回农地的现象频发，信息费、谈判决策费以及违约费等成本增加了契约履行的费用。土地产权实行"三权分置"后，当农户发现转出土地后的非农业收入和地租的总收益低于自己耕种土地的实际收益时（例如，国家政策大力支持农业生产，取消农业税增加农业补贴，农户所在的农村社会福利较高，村镇附近有很多工厂，可以实现农户就近"兼业化＋务农"的需要，那么之前流转的"地租＋非农收入"模式就不合算了），农户作为土地的转出方，产生收回农地的愿望和动力，为了达到此目的可能会强制性要求提高地租、给转入方制造麻烦等。

对于土地转入方而言：他们可能会面临农作物产量或销售量下降的风险，转入方是从农业生产规模化中获得规模经营收益的新型经营主体，是"理性的利己主义"者，如果不能实现规模经营收益，为了降低预期的经济损失，会减少农业生产成本的投入和现代化农用机械设备的投资、产生撂荒行为、拒付或骗取地租的行为、强制性改变土地用途的行为或对土地进行掠夺性的开垦。但是高昂的契约监督执行费制约着转入方的不法行为，如果交易双方出现一方违约或都违约的现象，有中介机构介入的交易行为，可以由中介机构协调；没有中介机构参与的交易行为，交易双方可以自行调节或进行法律诉讼，所花费的时间和经济成本都比较高。

交易双方这种"理性的利己主义"行为和违约行为虽然具备再分配的效果，却造成了纠纷和安全隐患，导致福利水平和农业绩效受到损失。发生机会主义的可能性越小，交易费用越低（Williamson，1985），为了避免机会主义行为造成交易双方的经济损失和时间的消耗，需要交易双方在签署契约后共同设计或建立相应的约束惩罚机制，以此确保契约条款的顺利实施和农地经营权的顺利让渡。在我国农村土地流转中，小规模小范围的流转方式主要以建立在亲缘、血缘、地缘和声誉度信任度基础之上的口头契约为主，随着农业生产的专业化和市场经济的深入发展，书面契约逐渐取代了口头契约的地位，农地流转中书面契约所占的比例在逐年增加。2013 年当年签订书面契约形式的比例为 32.76%（叶剑平、田晨光，2013）。2014 年农业部最新数据显示，当年全国土地流转案例中，签订书面契约形式的比例增加到 60% 左右（钱龙等，2015）。伴随农户法律意识和维权意识的增强，以及具有法律保障的书面契约逐渐普及，越来越多的农民愿意通过签署书面契约的形式实现农地流转，尤其是流转期限较长、交易双方的活动范围较大的适度规模化土地流转交易。对转出方农户而言，通过流转土地经营权，即可以增加收入又可以保留土地承包权，实现了其对"养老田"和"就业保险田"的心理要求；对土地的转入方而言，增加了其在契约限期内对土地投入生产的积极性，降低沉默成立，杜绝违法用地或掠夺式开垦现象的发生。

4.1.2.2　管理型交易费用

管理型交易费用就是企业和雇员之间劳动契约执行的相关费用，主要由固定交易费用和可变交易费用两部分组成。固定交易费用是建立、维持、使用或改变一个组织设计的费用，例如，信息技术的投入、公共关系的游说以及人事管理等方面的费用；可变交易费用，即组织的运行费，分为信息费、有形产品和服务在可分的技术界面间进行转移的有关费用（Williamson，1985），例如，半成品的滞留和企业内部的运输费等；而决策的制定、命令的监管执行、工人的绩效度量以及信息的管理等均属于信息费。

我国农村土地流转中管理型交易费用主要体现在中介机构、家庭农场、农业企业或土地银行等经济组织内部。直接参与农村土地流转的过程，与农户有直接关联性并具体表现在交易中的管理型交易费用有：游说谈判费、信息技术的投入（对供求信息的更新费用）、半成品滞留费（交易双方无法达成共识的耗时和费用、中介机构未调节成功的耗时和费用），以上管理型交易费用直接控制着农业企业、其他经济组织或中介机构在交易过程中选择哪种交易方式和契约行为。没有在农地流转过程中具体体现，却切实存在于家庭农场、农业企业、土地银行、经济组织或中介机构内部的管理型交易费用有：人事管理费、公共关系费、代理费、土地整理费（对小规模或地块分散型农地进行连片集中化整理的费用）、现代化农用机械设备的运行和保养等"间接费用"。而"直接的"管理型交易费用通过实施交易方式和契约行为降低的"间接的"管理型交易费用。

其实，还可以将农民家庭中的户主和从事农业生产的家庭成员之间看作是以亲缘和血缘为纽带形成的"上下级关系"，就农地是否流转或耕种问题产生的家庭内部"发号施令"的费用也可以看作是管理型交易费用。例如，农户家庭选择自己耕种土地，那么就需要对农业经营、农用机械设备进行投资，同时投入人力资本，越是传统的种植方式，农业经营费用、农用机械设备和人力资本投入的就越多；专用资产投资的增加和劳动力的"禁锢"直接影响着农户家庭的收支比例，造成管理型交易费用增加。如果户主选择将农地流转出去或流转入更多的农地实现大规模农地经营，选择流转出农地的农户在农业生产经营和农机具方面的投入均为零，并且劳动力得到释放。选择转入更多耕地的农户，在实施了大规模生产经营时，农业生产和农机具投入成本降低，劳动力得到充分使用，人力资本的投入成本降低，家庭内部"规模化"的管理型交易费用随之降低。

4.1.2.3 政治型交易费用

在现实生活中，不是所有的交易费用都可以通过具体数字或在市场交易过程中反映出来，正如政治型交易费用。之前已经提到政治型交易费用是指建立、使用、维系、改变政治体制基础制度框架或政体运行和调节所牵涉的费用，被视为"统治者的义务"方面的支出（Smith，1976），可以用公共部门耗损或占用的社会资源来体现（王建香，2009），例如，建立、

维持、使用或改变司法体制、军事体制、教育体系、制度规制或管理框架
等产生的相关费用。

　　交易费用大小的估测和精确计量对现实的解释力有着直接的影响，王
建香（2009）指出，政治型交易费用虽然无法准确计量或估测，但是在我
国现阶段，非正式政治组织的费用小于正式政治组织的费用，两者之间很有
可能存在着正相关性，通过构建政治型交易费用的结构方程模型，证明了经
济的发展势必提升政治型交易费用的比重，而市场化的改革有助于减少政治
型交易费用的比重。正如土地产权由"两权分离"到"三权分置"的政策
演变，土地产权的明确化和细分化相当于社会分工，社会分工的发展有利于
技术的进步以及单位交易费用的降低，交易部门随之增加扩展；其中一部分
不可观测的费用转化为可观测费用，如新增部门的管理费或员工工资等；还
有一部分不可观测的费用，如政策讨论、决定以及实施的过程中消费的时间
或费用均无法准确计量和估算。沃利斯和诺斯（Wallis and North，1986）指
出：通过政治制度重构产权的费用的持续减少，这一改变使得政治组织的扩
展，导致行政部门代替了个体的决策制定能力，并将交易费用附加到其他经
济部门。① 但是明确的土地产权制度为今后农村土地经营权的规模化、规
范化流转提供了政策保障和基础，降低了内部无序保护产权的费用，提高
了农户进行农地流转的自主意愿，无形中节省了后续宣传适度规模化农地
流转的宣传费用。农地流转中书面契约的实施需要依赖司法部门的高效公
正执法来维系契约的严肃性，司法体系的改进和良性运营可以有效地推进
书面契约的执行，减少纠纷的发生。司法部门公正执法能够降低农地流转
中产生的风险和交易费用，使土地流转的规模不断扩大。

　　根据交易费用理论对交易费用的性质和分类进行分析，将影响农村土
地流转的交易费用分为三类：第一类为市场型交易费用，其中包括为实现
农地流转交易，交易的双方对农地流转市场的供求信息进行搜寻、筛选和

---

　　① 本书是从农户的视角对交易费用和契约选择进行研究分析，所以暂不考虑社会分工的发
展和深化程度造成的政治型交易费用或附加于其他部门的交易费用的增加。

处理所产生的费用；为确定是否进行流转，交易双方进行谈判和决策所花费的费用；为避免交易后因机会主义行为造成经济损失所产生的对契约的监管费用和执行费用。第二类为管理型交易费用，主要是中介服务机构、规模型农场主、农业公司等经济组织，或农户家庭内部为了协调和行动统一而消费的费用。第三类是政治型交易费用，也就是"政治体制中制度的运行或调整所牵涉的费用"。

通过上述梳理，发现交易费用在以下方面达成共识：第一，交易费用的本质就是劳动分工、专业化和资源再分配的费用。第二，交易费用是通过经济交易和政治交易实现的，经济交易是指交易双方通过市场机制将具体资源转移产生的费用，政治交易在此处指集团内部如何减少交易费用和投入成本产生的费用。第三，由于交易方的有限理性，在交易过程中极易产生"摩擦"，从而降低了经济效率。如果交易费用为零，农户无论选择哪种农地流转模式都是实现效率的最优方式，但是交易费用是不可能完全取消的，交易的过程中一定会产生"摩擦"，所以农地制度、农户选择农地流转的模式和契约形式的选择成为农地利用效率实现的关键。第四，交易费用的存在提高了交易双方合作的达成，促进了契约关系的确立，选择不同的契约形式会产生不同程度的交易费用，达成的合作效果也不相同。第五，交易与交易费用相互依存，交易的过程中必然会产生交易费用并且无法完全消除；交易费用为了促使交易的达成，降低机会主义、不确定性、复杂性和信息不对称性对交易双方造成的经济损失，虽然在一定程度上消耗了社会资源，却推动了交易双方努力去寻找降低交易费用的方式和契约形式，完善了契约的完整性和广泛使用度。

4.2 农地流转模式的选择

农地流转模式就是农村土地以哪种形式进行流转，是内容与形式的关系。农村土地承包经营权流转最早是在《关于稳定和完善土地承包关系的意见》中提出的，该《意见》第四条指出："建立土地承包经营权流转机制。"农地流转模式的发展状况反映了土地资源合理配置的进程，体现了社会资源再分配的公平和效率的优化以及现代化农业经营效益的优化和发展趋势。通过对转包、互换、出租、股份合作以及土地银行五种最常用的农地流转模式的市场型交易费用、管理型交易费用和政治型交易费用的比较分析，探寻交易费用对流转模式和契约形式的选择是否存在影响以及如何影响农户的选择。

4.2.1　农地流转模式占比分析

1996 年全国农地流转面积仅占总耕地面积的 2.6%，2020 年全国农地流转率增至 34.08%，25 年间我国农地流转率快速增长。根据《农村土地承包法》《土地管理法》《物权法》和《农业法》等法律可知，目前存在的、有其名称的农地流转模式主要分为：转包、出租、互换、转让①、股份合作制等。由于农村社会保障制度不完善、农村公共产品供给不足，农民将土地当作养老田和失业保险田，强烈地依赖着土地；即使进行粗放经营、弃耕或从事非农产业的经营，农民也不愿意"失去"土地。所以农户在选择农地流转模式时，更倾向于选择转包、互换、出租的流转模式。据农业农村部统计资料调查显示，农村土地流转模式呈现出以转包出租为主，互换、转让和股份合作为辅的特征。例如，2007 年农地流转模式占总流转面积的比重分别为：转包和出租为 78.00%，互换为 4.50%，转让模式为 8.30%，股份合作制为 3.80%，其他流转模式的比重为 5.40%。

---

① 土地转让模式的定义：承包户经发包方同意将承包期内部分或全部土地的承包经营权让渡给第三方，由第三方享受相应权利并履行相应义务。转让后原土地承包关系自行终止，原承包户承包期内的土地承包经营权部分或全部失去。转让模式的特征为：土地承包权发生变化。（李光荣，2016）从表 4 - 1 中发现转让模式所占比例较小并且逐年减少，呈下降趋势。并且农地转让后原承包权发生变化，而本书中转包、出租、股份合作等模式进行农地流转后原承包权不变；互换模式的原承包权发生变化但是农户并没有失去部分或全部土地，所以后文不将转让模式与其他模式进行比较分析。

2003~2007 年的 5 年间，转包和出租模式的比重比之前增加了 10.60 个百分点（伍婷，2014）。2017 年转包和出租模式的占比达 82.5%（农业部经管司，2018）。尽管 2018 年、2019 年转包和出租模式的占比分别下降至 81.1% 和 80.37%，但其还是农村土地流转的主要模式。而被认为是现代化流转模式的土地银行、土地信托、土地股份制和专业合作社等，虽然具备良好的制度优势、组织优势并且上升空间和上升趋势较大，但是所占比例很小、优势无法突显，也就是说理念上先进的流转模式在现实的农村地区普及程度和农民对其接受程度并不高。但就区域来看，从 2011~2013 年东部沿海地区的股份合作制流转模式发展速度明显高于中、西部地区，其中 2011 年东部沿海地区的股份制流转模式比例超过 10%，2013 年增长至 11.26%，中西部地区股份合作制流转模式仅占流转面积的 6.11% 和 3.81%（刘守英，2016）。表 4-1 是 2007~2014 年以及 2016~2019 年我国农地流转模式占比的数据变化。

表 4-1　　2007~2014 年及 2016~2019 年我国农地流转模式占比数据

年份	流转模式比例（%）						资料来源
	转包	出租	互换	转让	股份合作	其他形式	
2007	78.00	78.00	4.50	8.30	3.80	5.40	伍婷（2014）
2008	54.00	26.20	4.40	6.20	4.40	4.80	朱隽（2009）
2009	52.89	25.69	4.39	4.54	5.42	7.07	黄延信等（2011）
2010	51.61	26.34	5.38	4.84	5.91	5.91	刘守英（2016）
2011	51.10	27.10	6.40	4.40	5.60	5.50	农业部经管司、经管总站（2012）
2012	49.28	28.78	6.47	3.96	6.12	5.39	中国农业年鉴2012
2013	46.92	31.67	6.16	3.23	7.04	4.99	土地市场蓝皮书（2015~2016）
2014	46.60	33.10	5.80	3.00	6.70	4.80	李佳（2016）
2016	47.10	35.10	5.40	2.70	5.10	4.60	农业农村部（2018）

续表

年份	流转模式比例（%）						资料来源
	转包	出租	互换	转让	股份合作	其他形式	
2017	82.50	82.50	7.50	—	5	—	农业农村部（2018）
2018	81.10	81.10	—	—	5.47	4.90	2019中国农村政策与改革统计年报
2019	80.37	80.37	5.04	3.04	5.96	5.59	2019中国农村政策与改革统计年报

在实践中根据不同的地区、地理形势和土地肥沃程度，全国各地的农村地区土地流转模式呈现多元化的趋势。例如，以湖北省大同湖农场和海南省南海农场为代表的两田制模式，以黑龙江省克山县新兴村和贵州省雷山县雀鸟村为代表的反租倒包模式，以湖北省天门市和福建省三明市为代表的两权抵押模式，以重庆市江津区牌坊村和浙江余姚市为代表的股田制模式，以山东省诸城市和宁夏回族自治区平罗县为代表的土地银行模式以及以成都市温江区为代表的土地换保险模式。

4.2.2　农地流转模式优缺点分析

经过对转包、互换、出租、股份合作制、土地银行这五种农地流转模式的优缺点对比（见表4-2），发现转包模式运作简单、灵活，但是无益于土地规模化效益，只适用于小范围、小集体农户间的土地流转，并且支付市场型交易费用最多。互换模式适合于单一农作物的经营管理，提高了土地资源利用率和规模效益，实现了农业集约型，但是管理型交易费用和政治型交易费用太高。出租模式和土地银行模式需要避免滋生贪腐和反租倒包模式的回流，其中出租模式还需要预防租赁方因过度开发利用造成土地地力的破坏。股份合作制与土地银行模式适用于经济发展水平较高、地方政府具有一定的财政支持力度以及有能力进行"反哺农村"的地区。这两种模式的相同点都使土地经营权经历了资产估值或份额化的过程，便于市场化交易的同时也增加了风险性。股份合作制模式中风险性来自合作社的运营能力，无论盈利与亏损，入股农户的经济效益都会受到影响，呈正相关趋势；土地银行模式中的风险性来自当地政府部门，因为此模式过度依赖政府，造成农民没有涉足土地银行运营的权利，容易形成行政管理色彩浓厚的强行征地风险。此外，由于我国缺乏农地经营权价值评估机构与标准的评估方法，而现有的价值评估机构多是依附于当地的土地流转中介服务组织，科学性和专业性都有待考证，评价差异与分配不公的情况时有发生，存在纠纷隐患。

表4－2 五种流转模式优缺点对比

流转模式	承包者权利与义务的变化	优点	缺点
转包	保留承包权，流转经营权	流转运作简单、方便、灵活；村内生产要素的优化配置	流转期限短、范围较小、面积较小、随意性大，无法形成规模效益；流转方式不规范、多以口头契约为主，纠纷隐患严重；寻租成本较高
互换	保留承包权，流转经营权	便于单一农作物的生产管理和村内生产要素优化分配；促进规模化和产业化经营	政府部门需要支付极高的管理型交易费用和政治型交易费用
出租	保留承包权，流转经营权	风险性较低；便于生产管理；通过人才、信息与技术的整合，实现利益分配公平和土地资源的有效利用	村委会容易受到利益的诱惑或从交易中谋取暴利（反租倒包），侵害村民利益；较高的租金导致承租人减少生产成本的投入或进行掠夺式经营破坏耕地
股份合作社	经营权折价入股；经历资产估值或份额化过程	改变了单家独户农耕的局面；实现土地资本集约化和规模化经营；便于及时引进先进的技术、信息以及配套产业	合作社采用企业式经营管理模式，若经营不善或破产，农民利益将受到损害，风险性较大
土地银行	经营权为银行财产；经历资产估值或份额化过程	促进规模化农业生产经济效益提高；现代农业机械化水平提高；流转方式有序化规范化；有序转移农村剩余劳动力；提高农民收入；增加集体收入	资金来源单一，易造成政府财政压力，甚至因为是唯一的出资方而忽视农民的权益；土地银行的本质是土地流转中介，没有融资资格，不利于贷地方的长期投资发展；农地经营权价值评估机构不健全，造成评价差异、分配不公

我国农业正处于由传统农业向现代农业转变的阶段，"引导土地经营权规范有序流转，创新土地流转和规模经营方式，积极发展多种形式适度规模经营，提高农民组织化程度。"① 确保农民在流转的土地中获得足额收益是具有系统性与长期性的问题。如今，全国各地都展开了农地流转模式的实践与创新，部分地区形成了独具当地特色的流转新模式。通过借鉴不同流转模式的成功经验以及分析其存在的问题，有助于解决流转纠纷，促进流转模式的创新，有利于慎重稳妥地推进农村土地流转制度改革。

4.3 交易费用影响农地流转模式和契约形式的选择

4.3.1 农户间转包、互换流转模式分析

4.3.1.1 转包模式及典型案例分析

1. 转包模式

转包模式是指：承包耕地的农民将部分或全部耕地的经营权按照一定的期限转给同一集体经济组织内的其他农户（土地流入方或接包方）从事农业经营。土地的承包关系不变，土地的流出方和流入方依照原土地承包合同继续履行规定的权利和义务，土地流入方依照转包时约定的条件对流出方负责并且转包模式的期限至少在 1 年以上。实践中转包具体分为有偿转包、无偿转包和倒贴转包三种形式（见图 4 - 2）：第一，有偿转包是指转入方获得土地经营权后，向土地转出方支付约定的转包

① 中共中央　国务院关于加大改革创新力度加快农业现代化建设的若干意见 [EB/OL]. http：//www. gov. cn/zhengce/2015 - 02/01/content_2813034. htm, 2015 - 02 - 01.

费；第二，无偿转包是指土地的转出方无力耕种土地或产业发生变化，无偿地将土地的经营权转包给亲友邻里或其他农户，土地的转入方无须支付任何费用；第三，倒贴转包是指土地的转出方不愿意从事农业生产经营，又不想因为撂荒受到谴责和责罚，从而将承包耕地的经营权以倒贴的形式转包给从事农业生产经营的亲友邻里或其他农户。转包模式流转土地规模比较小、流转期限较短、随意性很大，增加了交易双方的潜在寻租成本。

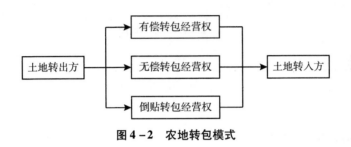

图4-2　农地转包模式

2. 重庆市忠县"1+5"农地流转模式分析

重庆市忠县地处重庆东北部地区的三峡水库区腹心地带，由于其独特的天然海拔和土壤的集成优势成为重庆市典型的农业大县和粮食主产县。2021年全年粮食种植面积113.18万亩，比上年增长0.5%，农地资源相对丰富，农业生产潜力较大。[①] 由于近几年农村劳动力大量转移到城市，细碎化的农地经营模式制约了现代化农业经营模式的发展，抛荒弃荒现象十分严重。据重庆市统计年鉴显示，2005年忠县撂荒农地为6.99万亩，占农地总面积的8.7%，涉及农户3.5万户；2007年忠县有82.60万农业人口，农村劳动力为49.77万人，其中外出务工人员高达30.62万人，占农村劳动力总人数的61.5%。在这种背景下，忠县积极探索深入调研，采

---

① 资料来源：忠县-搜狗百科（sogou.com）。

取措施引导推进农地流转的"1+5"模式①，以农户转包的方式将农地流转给其他农户或集体经济组织从事农业经营，引导农地向农业规模化产业化经营发展，经实践证明已取得显著成效（见表4-3）。

表4-3　　　　2002~2007年重庆市忠县农村土地流转总体情况

项目	2002年	2003年	2004年	2005年	2006年	2007年
家庭承包地面积（万亩）	79.30	60.32	83.07	61.70	68.52	79.60
家庭承包地流转面积（万亩）	0.68	3.91	3.99	3.39	3.89	23.26
流转率（%）	0.86	6.48	4.80	5.49	5.68	29.35
变化率（%）	—	5.62	-1.68	0.69	0.19	23.67

资料来源：邱道持.论农村土地流转［M］.重庆：西南师范大学出版社，2009：288.

据邱道持（2009）调查统计，2002~2007年，忠县家庭承包地流转面积从0.68万亩增加至23.26万亩，农地流转率从0.86%提高至29.35%，有效地降低了农地弃荒，2006年忠县复耕抛荒农地5.56万亩，抛荒农地比例比往年降低了6.9个百分点。

忠县"1+5"模式按照农地肥瘠程度、地理位置的差别支付不同的转包费或实物（如粮食、化肥等），是典型的由政府引导、支持鼓励的农户间土地转包模式。据邱道持（2009）调查统计，2007年忠县转包农地13.05万亩，占全县流转土地的55.87%（见表4-4）；流转经营主体以一般农户为主，占总流转经营主体的56.85%（见表4-5）。

---

①　忠县推出农村土地流转的主要模式是"1+5"。"1"是成立县乡村三级土地流转中介服务机构，即乡镇依托农经管理部门建立土地流转服务中心，指导土地流转工作；村依托村支部、村委或农民专业合作组织，建立土地流转服务所；农户委托土地流转中介服务机构。"5"主要以农户转包、大户经营、公司租赁、农民专业合作社股份合作、单位和居民认购这五种形式进行土地流转。

表 4－4　　　　　2007 年重庆市忠县农地流转模式分类统计

项目	转包	出租	互换	转让	股份合作	其他形式
面积（万亩）	13.05	6.90	0.32	0.12	2.94	0.03
比例（%）	55.87	29.54	1.37	0.52	12.59	0.13

资料来源：邱道持. 论农村土地流转［M］. 重庆：西南师范大学出版社，2009：288.

表 4－5　　　　　2007 年重庆市忠县农地流转经营主体分类统计

项目	一般农户	农业企业	专业合作组织	种植饲养大户	其他主体
面积（万亩）	13.28	6.37	2.18	1.43	0.10
比例（%）	56.85	27.27	9.33	6.12	0.43

资料来源：邱道持. 论农村土地流转［M］. 重庆：西南师范大学出版社，2009：289.

总体上看，忠县"1＋5"农地流转模式实现了农户和农地流入方（承包方）的双赢，通过建立县乡镇三级土地流转中介服务机构，有效地改变了之前无偿转包或倒贴流转费的状况，但是在实践过程中发现，"1＋5"土地流转模式对农地适度规模化经营和现代化农业发展的推动作用并不明显，没有实现农业规模化经济效益；农地流转效益和质量参差不齐；而操作简单并且对当地经济发展要求不高的转包模式普遍被农户所接受。经调查发现，2014 年忠县汝溪镇流转的农地中约有 64.6% 是采取的转包和出租模式（吴海燕，2016）。

从农户意愿的视角分析。农户对土地流转的积极性不高，他们担心流转后没有保障，很多农户不愿意让土地进行流转或只愿意流转贫瘠的、偏远的土地。尤其是 2006 年全面取消农业税之后，农民不再上缴农业税还可以获得农业补贴，本着"搭便车""占便宜"的心理，有些农村地区出现不耕种农作物仍然获取农业补贴的情况，农民的种粮积极性降低。即使乡镇政府引导宣传农户流转土地、出台政策和制定合理规范的流转模式，实际效果依旧不佳。然而与农户"理性利己主义"行为相呼应的、以农户间的农地流转为主，适合因各种原因无力从事农业生产经营或从事非农产业却不能彻底放弃农地的转包模式普遍存在于发展落后的农村地区。但是这种农户间自发的流转模式存在着流转规模小、期限短、风险高和随意性较大的缺点，不利于农地规模化经营效益的实现，同时增加了流入方潜在的信息搜寻费。

从交易费用的视角分析。忠县推出的"1+5"农地流转模式中的"1"是指成立县乡村三级农地流转中介服务机构，其中就包括农户委托农地流转中介服务机构，即农户需要支付相应的中介费。农户选择委托农地流转中介服务机构进行农地交易需要面临较小的信息费、较高的谈判决策费和契约监管费。从政策上看，虽然委托方支付了较高的中介费，却可以获得相对较高的地租以及合同期内劳动力的解放，农地也可实现规模经营效益。但事实并非如此，经实地调查，忠县没有专门的农地流转中介机构，乡镇成立的农村土地流转中介服务机构是挂靠乡镇经济发展办公室的，典型的"一个班子两块牌子"；忠县下属的乡镇和村内也没有建立完整的流转交易信息登记、备案和管理制度，例如，汝溪镇的经济发展办公室仅有 5 名工作人员，1 名工作人员负责多项工作，根本没有时间和精力履行农地流转中介服务职能（吴海燕，2016）。没有健全的流转市场和正规流转中介机构，又缺乏流转价格评估机构，从客观上制约了农地流转的规模经营和规范发展。

现实实践中忠县农户为了保证对农地的拥有权和支配权，更多的选择转包的流转模式（见表 4-4）。这类模式主要有以下两个特点：一是面临的是较高的信息费。转包模式的农地流转是农户间自发的交易行为，交易双方搜寻信息需要花费的时间和精力增加，潜在的信息成本就会随之增加。由于交易双方是同一集体经济组织内的农户，相互了解彼此的详细信息，例如，交易双方的诚信度、家庭背景和流转农地的肥力程度或地理位置等，可以说此时交易双方的信息是完全的、相等的，不存在信息的不完全性、不平衡性或虚假信息等情况，所以交易双方花费在信息筛选处理的时间和精力就越少，信息成本也会随之降低。二是较低的谈判决策费。谈判决策费主要表现在交易双方就流转价格、年限、面积、位置和地块数等进行谈判协商所产生的费用，谈判协商的次数越多、成本越高，花费的决策时间和决策费也越多。农户双方以面谈的形式进行交流协商，彼此熟悉、谈判能力和决策能力差异性较小，双方掌控的信息是完全的对等的；协商时只消耗时间几乎不花费具体金额的谈判决策费。

从契约选择的视角分析。之前曾提到农户依赖土地的保障功能、恋土情节严重，从而不愿意流转农地。转包模式是农户间自发形成的流转方式，在协商流转的价格、期限、地理位置、地块和面积时多以口头契约为主，双方不签订正式的书面合同。理论上，没有法律保障的口头契约风险性较大、容易发生纠纷，但是在长期的实践过程中，由于农民受到血缘、亲缘和地缘的牵绊，自发形成的道德监督和诚信奖罚机制无形中降低了小范围区域性的农户间违约行为的发生。农户间进行农地交易时，他们之间的博弈是长期不断重复的，并且农户间由于地缘的牵绊，双方清楚了解彼此的信息，属于完全信息。若是有一方违反口头契约，受害方会采取中断农地交易和日常交往等惩罚措施，违约方会在村内失去声誉甚至是村内的话语权和家族地位等，其违约成本很大。所以，口头契约已成为农地流转交易中的习俗元制度安排（洪明勇，2013），并且在道德监督和诚信奖罚机制下，口头契约的执行监管费可以说是微乎其微。

从制度安排的视角分析。忠县"1+5"农地流转模式从理论上实现了土地的规模经营和规范流转，通过政府的鼓励支持以县乡镇三级农地流转中介组织的名义为引导、实行多样化的农地流转，从而达到节约成本提高农业生产效率的目的，是提高农业经营效益的流转模式的创新。但由于忠县地区农地流转中介服务机构基础设施落后，流转市场供求信息传递渠道不稳定，交易缺乏透明度，价格机制不完善，造成经营主体找不到规模化的流转土地，愿意流转农地的农户也找不到有形市场实现流转交易。忠县"1+5"流转模式逐渐从政府引导支持农户进行土地流转演变为农户间进行的被动流转模式，无益于土地规模化经营和农业现代化发展，此时，政策的支持、鼓励、改革以及流转模式的创新没有达到预期目的，政治型交易费用增加。

4.3.1.2　互换模式及典型案例分析

1. 互换模式

互换模式是指：土地的流入方为了达到方便耕种、调整农产品的种植结构和实现耕种规模等方面的需求，单户或多户农民将承包土地的经营权与其他农户以对等或协商差额数量的土地经营权进行交换，实现土地连片集中化经营的同时，交换双方承担的义务都不发生改变的行为。互换模式有土地承包权互换和土地经营权互换两种形式：土地承包权互换是指双方互换了土地经营权，同时也交换了与集体之间的土地承包关系；土地经营权互换是指双方只交换了土地的使用权，原承包关系保持不变（见图 4 - 3）。

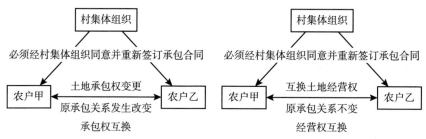

图 4 - 3　农地互换模式

农地的互换属于一种民事行为，只发生于土地肥瘠程度、地块等次高低或距离远近的差额补偿，仅限于同村或同一集体经济组织之间，适合于土地零散的农户通过调整互换集中地块以便于耕种与管理，以此形成单一品种的规模化经营，必须经村委会同意并且重新签订承包合同，所以，农地互换模式受管理型交易费用和政治型交易费用的直接影响，却不涉及市场型交易费用，即农户不承担交易风险。需要特别注意的是，互换模式仅限于概念的范畴，不能任意扩张或随意曲解，否则会发生"反租倒包"等侵害农民权利的流转行为。

2. 新疆维吾尔自治区塔城地区沙湾县农地流转模式分析

新疆维吾尔自治区塔城地区沙湾县四道河子镇位于古尔班通古特沙漠

南缘，利用沙漠边缘得天独厚的种植条件和资源优质，是以高产棉花和优质小麦为主导产业的农业大镇，全镇耕地面积为 36 万亩，农地资源非常丰富，农业生产潜力巨大。① 实行土地联产承包责任制以来，为了保证分地的公平，农户的承包地按照肥沃程度和地理位置等情况的不同进行公平分配。例如，四道河子镇下八户村 10368 亩的耕地被分割成 1296 块分给全村农户，同一户农民的耕地被分在不同的区域，有的农户甚至分到 12处耕地，经营管理很不方便（耕种、浇水、施肥、采摘等）；每块耕地之间都有田埂地垄区分，增加了农业生产成本、灌溉设施建设成本和农用机械使用成本，甚至发生在用水季节争水抢水的现象。

2004 年新疆沙弯四道河子镇下八户村"村两委"提出在自愿、公平、依法的原则下以户为单位对农户土地进行互换的流转模式，在历经 1 个月的宣传动员和多次与村民协商的前提下，最终全村98%的村民同意并且与村委会签订自愿互换农地的协议。8 月初该村全面完成农地互换手续，农地的集中化方便了农户的经营管理；当年秋天经过互换流转的农地每亩增收 200 多元；2005 年全村实现连片经营后净增加农地 400 亩，农地利用率提高了 3% ~ 5%，全面普及的节水滴灌、微灌高新技术节约用水 30%，节省了 50% 的劳动力，全年人均纯收入为 8000 元，其中新增耕地使全村人均增收 347 元，该村农业向着集约化、规模化、高效化发展，实现农民收入持续稳健增长。在下八户村农地互换模式的成功经验之上，四道河子镇下属的沙窝道村、中心村、下庄村等 6 个村先后完成了农地互换的流转。截止到 2008 年，沙湾县已互换农地 20 多万亩（梁建春、刘冰，2008），并依靠农地互换流转将低产田提升为中高产田，实现了农民增收、农业增效，有利于农村生态卫生的改善。

从农户意愿的视角分析。中国农村土地是本着公平公正的原则进行分配的，农地质量的好坏、地理位置以及远近程度各有不同。农地的互换调

① 资料来源：沙湾市政府网.四道河子镇简介［EB/OL］.http：//www.xjswx.gov.cn/info/1265/70701.htm，2022－07－05.

整势必会打乱原有的农业经营格局，甚至出现分配不公的现象，这正是农民最担心的。徐江涛曾讲过这样一个故事："为了督促西戈壁镇下属各村的农地互换工作的顺利实施，2011年沙湾县西戈壁镇政府部门承诺：'谁先完成任务，就奖励谁三万块钱'，可一年下来奖金竟然没能发下去"（中国国土资源报，2012）。所以，在制定和实施农地互换模式的方案时，首先需要充分尊重农户的意愿、征求农户的意见，妥善处理好因为互换农地造成一部分农户的经济损失，保障农户的合法权益。沙湾县四道河子镇下八户村在提出农地互换模式后积极与村民协商，最终获得全村98%的农户同意并顺利签订农地互换协议。

从交易费用的视角分析。四道河子镇下八户村的农地互换模式形成的单一品种规模化经营适应了生产力的发展要求，符合适度规模化农业的基本要求；而农地细碎化程度越高，通过流转达到农地整合后带来的收益也越高（黄贤金等，2001）。沙湾县通过农地的互换流转，铲除农地间的田埂地垄、水渠小路等措施，提高了农地的实际使用面积，实现了万亩农地连片集中化的规模经营，提高了农地利用率和现代化农用机械设备的应用。虽然农地的统一整理规划、排水滴管等设施花费巨大，但是短期内进行农地的集中储备和整理，降低了流转交易中特有的匹配成本，实现了统一品种、统一播种、统一施肥、统一田管、统一收获、统一销售的"六统一"经营管理（中国国土资源报，2012）。降低了后期的生产成本和管理型交易成本。例如，沙湾县柳毛湾镇从2012～2013年通过农地整治增加耕地1689.45亩，农地利用率提高15%以上，由于整治工程浩大，农地整治成本约1700元/亩；沙湾县西戈壁镇2011年全镇节水灌溉不到0.3万亩，通过节水滴灌项目的实施，2012年全镇节水滴灌面积达3万亩。虽然土地整治和节水滴灌等措施的实施前期投入巨大，但是后期也得到了高产高效的丰厚收获，正所谓前期大投入后期一劳永逸。经落实，农地互换实现了规模效益，每亩增产棉花70～100公斤，增值600元/亩，每亩节水节肥40～60元。同时，现代化农用机械设备的运行保养费等管理型交易成本的降低，农地整治后机械率达95%（乔思伟等，2012），农户告别传统经营方式，管理"六统一"的方式降低了农户对专用资产的投入，劳动力得到充分利用和最大程度地解放，其中1/3的农民外出务工（梁建春、刘冰，2008），降低了农户家庭内部的管理型交易费用。

从契约选择的视角分析。《农村土地承包法》第四十条规定："承包方之间为方便耕种或者各自需要，可以对属于同一集体经济组织的土地承包经营权进行互换。"第三十八条规定："土地承包经营权采取互换、转让方式流转，当事人要求登记的，应当向县级以上地方人民政府申请登记。"2005年初农业部颁布的《农村土地承包经营权流转管理办法》第十七条规定："同一集体经济组织的承包方之间自愿将土地承包经营权进行互换，双方互换土地原享有的承包权利和承担义务也相应互换，当事人可以要求办理农村土地承包经营权变更登记手续。"由此可知，农民选择土地承包权的互换或选择土地经营权的互换，都需要由村委会同意并重新签订土地承包合同。尤其是沙湾县四道河子镇农地互换模式，是由下辖村"村两委"组织动员、村民同意并签订农地互换合同后在进行土地整治规划，事后仍由本村农民从事农业生产。

从制度安排的视角分析。政治型交易费用很大，沙湾县农地互换模式是典型的政府部门因势利导策划适合当地农业生产的流转模式，前期人力、资本、时间以及政策制定等方面投入非常大，以上均属政治型交易费用。例如，互换模式的策划制定、"村两委"挨家挨户对农地互换模式的宣传和动员以及农户自愿签订互换合同后对农地的统一整治规划等，都增加了政治型交易费用。沙湾县农地互换模式的制定始终贯彻以民为本的思想，将农民利益放在首位，通过借鉴新疆生产建设兵团农八师121团的先进经验制订切实可行的互换方案、挨家挨户动员宣传、广泛征询建议，组织农户到兵团的种植区或实验村进行参观，使政策的制定和实施真正地做到了公开、公正、公平的原则。虽然这些政策与措施都增加了政治型交易费用，但是此项交易费用均由"村两委"或乡镇政府承担，该地区的村民不负担此项费用。而笔者认为这也正是沙湾县农地互换模式最值得借鉴的地方。

4.3.1.3 小结

通过对忠县"1+5"转包模式和沙湾县互换流转模式中的农户意愿、交易费用、契约选择和制度安排的分析对比（见表4-6），发现农户对土地流转模式的选择决定于县乡镇政府对流转制度的制定和宣传；农户对契约形式的选择则决定于自身意愿和交易费用的高低，交易费用越高，书面契约的选择概率越低；交易费用越低，口头契约的选择概率相对越高。农地流转效果是否达到预期目的，首先，取决于县乡镇政府部门对流转政策制定后的监管执行和贯彻落实情况。如果县乡镇政府在确定某项流转模式后，在维护农民主体地位的基础上，积极宣传动员农户进行流转交易，依法指导监督流转行为，维护交易双方合法权益，那么有利于促进农地健康有序流转，例如，沙湾县互换流转模式。其次，取决于农地流转中介服务组织机构。目前农地流转中介机构多挂靠在乡镇政府部门，不能算真正意义上的中介机构，无法很好地发挥中介服务的职能和作用，例如，忠县"1+5"转包模式。所以建立正规完善的农地流转中介服务机构，不仅可以提供政策法律法规方面的咨询、全面公开化的供求信息、公平公正的价格机制以及专业化的服务，还可以降低风险、减少纠纷，有利于推动规范化流转市场的快速发展。

表4-6 转包、互换模式交易成本统计

流转模式	交易主体	市场型交易费用			口头契约	书面契约	管理型交易费用	政治型交易费用	流转效果
		信息搜集	谈判决策	契约执行监督					
忠县"1+5"流转模式	转出方	较低	较低	较低	✓		较高	—	前期效果良好后期效果不佳，没有实现规模效益
	转入方	较高	较低	较低	✓		较高	—	
沙湾县互换流转模式	农户	不涉及市场型交易费用				✓	较低	—	效果显著，成为典范
	乡镇政府部门	较高	很高	较低		✓	非常高	非常高	

4.3.2　农户与新型经营主体之间进行农地流转的出租、股份合作制以及土地银行模式的分析

当前中国农村土地流转制度的变迁，实际是各个利益主体在现有的土地制度的背景下追求利益最大化的博弈演变进程，在城镇化和工业化快速发展的背景下，农村土地的流转从农户之间简单的交易行为演化为多数单户农民与少数种粮大户、合作社或农业企业等新型经营主体的格局，而农地流转模式和流转效果则是农地流转经营主体多方博弈的结果。各经营主体有着不同的目标和行为取向：土地所有者有权根据当地经济发展现状、地理环境和人文教化等因素重新分配土地资源与制定新的土地流转模式。在农地流转中承包地直接关系到农民的利益，农民特有的"理性小农"主义和"搭便车"倾向，使他们很容易接受政府部门的政策引导，由于农民很难自发组成集体行动，所以在博弈过程中处于被动地位。种粮大户、企业或合作组织等承租方面对人数众多的农户急需建立起一套系统的以一对多的契约关系，同时为了克服匹配成本问题还需要建立土地储备。此时需要中介服务组织通过提供法律政策咨询、供求信息、价格评估、纠纷协调等方面的服务有效地维护交易双方的合法利益，惩处"敲竹杠"和"卷款私逃"等现象。而此处的中介服务机构可以是以营利为目的的经济组织，也可以是地方政府。

4.3.2.1　出租模式及典型案例分析

1. 出租模式

农地出租是指：在政府引导和市场利益的驱动下，农户将部分或全部承包地的经营权以一定期限出租给种粮大户、企业或合作组织等从事专业农业生产或经营的承租方的行为。土地在出租后，土地的承包关系与所有权性质均不变，农民（承包方）继续履行原土地承包合同中规定的权利与义务，农户获得承租方支付的租金，土地出租的期限由交易双方协商约定。出租模式的预期目标是以承租方的专业管理水平支撑规模化农业生产

可持续经营的，而不是靠收取土地租金等短期收益。出租模式是继转包模式之后中国农村土地流转比例位居第二的流转模式，转包模式与出租模式的相同点是土地的原承包关系都没有发生变更。两者之间的区别为：第一，对于承包方而言，转包土地可获得转包费，出租土地可获得租金；第二，对于承租方而言，转包只发生在同一集体经济组织内的其他农户，出租既可以与同一集体经济组织内的其他农户发生流转交易，也可以与同一集体经济组织以外的其他经济组织发生流转交易。

2. 安徽省小岗村土地出租流转模式分析

小岗村位于安徽省滁州市凤阳县小溪河镇淮河岸边，以丘陵为主，地势高低不平落差最大为 3 米，村域总面积为 15 平方千米，可耕地面积为 1.9 万亩，水田面积为 800 亩，截至 2013 年小岗村有 3970 人，劳动力约 2200 人。[1] 1978 年小岗村实行包产到户，创造了"农业家庭承包制"的奇迹，双层经营体制彻底取代了人民公社体制，解放了农业生产力，解决了大部分人的温饱，增加了土地投入产出效率。1979 年底，小岗村当年粮食产量约 6.6 万公斤，是 1966～1970 年粮食产量的总和，不但终结了吃救济粮的历史，还上缴国家 3200 公斤的粮食（张谋贵，2008）。伴随工业化、城镇化和市场化的快速发展，小规模分散式的农地经营模式无法满足因人口急剧增长导致的粮食需求，妨碍了农业现代化的实现。在此背景下，小岗村村干部于 2006 年宣布本村集中合并土地，集中开办农场、养殖场与旅游业开发等项目，并决议当年试行流转 400 亩土地，约定平均流转年限为 10.68 年（翁士洪，2012）。在不改变土地承包关系与所有权的基础上，在农民自愿的前提下，将土地的经营权整体出租给农业公司经营，农户每年收取 500 元/亩的地租。小岗村"企业＋村委会＋农户"的出租模式实施后，人均收入从 3000 多元增加至 6000 多元；农业经营基本实现半机械化，小岗村先后建立了学校、卫生服务中心与农贸市场等；

---

① 资料来源：小岗村介绍，百度百科网址：小岗村（安徽滁州市凤阳县下辖村）360 百科（so. com）。

2008 年小岗村 1800 亩耕地中有 600 亩实现流转交易；2012 年小岗村工农业总产值达 5.8 亿元，村委会经济收入实现 410 万元，村民人均纯收入为 10200 元（见表 4 - 7），有 4300 亩土地进行流转；2013 年已经有 8400 多亩土地实现流转，占该村耕地面积的 58%[①]。通过新模式的逐渐应用，拓宽了土地经营权流转的范围，延长了流转后的期限，奖罚机制逐步完善。2016 年小岗村成立了"土流网小岗村土地流转服务中心"（闫碧华、吴冰寒，2016），通过网络平台逐渐催生农村土地流转的价格评估、过户登记等中介服务，快速推进了流转市场发展（李光荣，2016），开启了该村土地流转的互联网时代。

表 4 - 7   小岗村村民人均纯收入统计

项目	2007 年	2010 年	2011 年	2012 年	2014 年
村民人均纯收入（万元）	0.60	0.67	0.80	1.02	1.45

资料来源：2007 年、2011 年、2012 年和 2014 年数据来源于小岗村介绍，百度百科网址：小岗村（安徽滁州市凤阳县下辖村）_360 百科（so.com），2010 年数据来源于：喜看小岗再突破（深化走转改 喜迎十八大·红色地标看变化）[EB/OL]. 喜看小岗再突破（深化走转改 喜迎十八大·红色地标看变化）_共产党员网（12371.cn），2012 - 10 - 13.

从农户意愿的视角分析。第一，小岗村土地流转改革的主要目的是为了实现农业生产经营的集中化，本着农户自愿的原则，通过召开村民大会等形式，发现有 80% 的村民愿意将承包地的经营权出租，剩余 20% 的村民担心无法顺利收取租金（翁士洪，2012），即农户是在较强农地流转意愿的前提下，政府部门适时给予政策支持的有效流转机制的运行，并且村委会为了保护村民的利益、降低农民的失地和农地性质变更的风险，决议先期试行流转 400 亩土地检验新模式的运行效果。第二，小岗村村委会积极开发地产、工业旅游等产业，以产业带动农业，为该镇剩余劳动力提供

---

① 资料来源：小岗巨变改革常新 [EB/OL]. 小岗巨变改革常新_三农频道_央视网（cctv.com），2016 - 04 - 30.

了充足的就近打工的就业机会，有效地防止了农地流转后农民大量失业的状况。

从交易费用的视角分析。第一，土地流转新模式的运营由当地政府部门全程规范监督，给予经济和行政的双重保护及支持，并且随时调整补充最新信息和运营方式。公开化的流转供求信息，为交易双方节省了信息搜集费用；公开化、透明化的土地流转信息服务网络减少了信息的不确定性，增强了农户的谈判信心和决策意愿，促进了潜在交易的实现。第二，小岗村将村民土地经营权集中后形成"统一经营主体"便于发挥统一经营的优势，强化了谈判决策能力和管理能力，增强了应对市场风险的能力，减少了不确定性，节约了市场型交易费用和管理型交易费用，同时也明确了土地产权，有利于降低流转交易中的市场型交易费用，从而提高经济效率。

从契约选择的视角分析。农村土地流转模式的创新势必带来流转主体的复杂程度的上升，当土地流转模式处于初级阶段的农户间的转包、代耕、互换模式时，交易费用较低的口头契约占据主流位置；当土地流转模式逐渐从初级上升为高级阶段时，农户面临的是市场风险、高科技与先进管理技术的冲击，口头契约无法保障农户的合法权利不受侵害，因此书面契约的选择成为必然趋势。

从制度安排的视角分析。第一，小岗村政府部门积极实行"三步走"发展战略和"四型村"建设目标，努力发展第二、第三产业，增强村内企业综合实力，以农业带动二三产业发展，逐渐形成二三产业支撑农业、反哺农业。通过招商引资，吸引外来资金入注，同时还引进先进的管理理念和技术，间接带动村民和村内产业对先进技术和新鲜事物的理解和接受，这种"搭便车"行为无形中节省了管理型交易费用。第二，当地政府部门对租赁土地的新型经营主体实行严格把关，从源头杜绝市场风险和纠纷隐患。《中国新闻周刊》记者曾询问开发商不支付租金给村民该怎么办，村委会主任表示："不见钱我就叫村民不签合同"（翁士洪，2012）。第三，小岗村土地出租模式的创新既有村内代表性人物进行流转交易，属于自下而上的诱致性制度变迁，又有当地政府在行政和经济上的双重支持，属于自上而下的强制性变迁。第四，小岗村土地出租模式改革初期多次受到当地各级政府的支持，实现了本区域内公共福利的最大化。

4.3.2.2 股份合作制模式及典型案例分析

1. 股份合作制模式分析

股份合作制是指在明确农村土地集体所有制、坚持农户自愿原则的前提下，农户作为集体成员将承包地的经营权折成股份委托给集体组织成立的土地股份合作社（以下简称"合作社"）或农业经营企业进行统一的管理和生产经营，农民凭此作为股东，按股分红、风险共担、利益共享且不占用大量资金的一种土地流转模式。简言之就是"股份 + 合作"的农地流转模式。农地流转的股份合作制模式具有产权明确与利益直接的特点，此模式中农户既是土地股份合作社经营的参与者，又是利益所有者。但是此流转模式依托农业经营企业或合作社，所以具备股份制公司的经营理念和管理方式，都是企业性质的经济实体，以股东利润最大化为目标，如果企业或合作社经营效益不佳甚至破产，将严重影响农户的利益，所以风险性较大。具体操作步骤为：第一步，村民将承包地作价入股所属的村委会，村委会将村民入股的土地和村内的机动地进行整理集中，之后以村委会的名义入股农业经营企业或特定的经济组织；第二步，农业经营企业或特定的经济组织与村委会就农地流转交易签订书面合同，随后将土地进行整治后以转包、出租等模式推到一级土地流转市场，收取土地的使用费而且通过妥善管理与投资股份土地基金的形式使土地保值增值，最后支付村委会和农民的股份分红；第三步，在合同规定的期限内，土地的承租方获得土地经营权的同时还能依照法律再次进行有偿流转，农户持有的股份可以继承、转让或抵押，同等条件下同一集体成员享有优先权。

2. 湖南省长沙市"光明农地股份合作社"模式分析

白箬铺镇光明村位于湖南省长沙市望城区东北部、湘中丘陵向洞庭湖平原过渡地带，距离长沙市中心约22千米，由金洲大道贯穿全村，交通优势突出。光明村属亚热带季风气候，水量丰富、土质肥沃，具有良好的自然资源。村域面积为 8 平方千米（1.2 万亩），耕地面积为 3484 亩（熊锦，2015），2008 年 9 月，白箬铺镇光明村更是凭借其特有的自然山水和交通优势被确立为"湖南省新农村建设示范村"。此后光明村以"发展现代休闲农业产业"为定位，为了有效推动本村内土地的流转、改变农业生产经营模式，探索出一条"政府引导、农民自主、产业支撑、市场运作"的农地股份合作社模式，并于 2008 年底率先成立了湖南省第一家土地流转合作社；随后该村 358 户农民的 2049 亩水田、1200 亩旱地、800 亩水面及 4000 亩山地以土地流转合作社为平台，通过农民作价入股、合作开发的模式对农地实施集中流转，形成了"股份 + 合作"土地的流转模式与"底金 + 分红 + 非农收入"的收益分配机制。这种土地流转的创新模式在保障农户合法权益的基础上，通过作价入股的方式实现了农业的规模化效益，增加了农民的农业收入和非农收入，为盘活光明村经济发展开拓了新的空间，有效带动了当地旅游业的高速发展，2010 年光明村被评为"湖南省社会主义新农村建设示范村"[1]，如今的光明村坐落在青山碧水间，犹如画卷中的江南民居。

从农民意愿的视角分析。第一，光明村农地股份合作社始终坚持"民办、民管、民受益"的原则和"自主经营、民主管理、入社自愿、退社自由"的方针。农户自愿以土地经营权为资金加入合作社，合作社将入股的土地整合后租赁给新型经营主体，通过土地流转合作社交易流转出去的土地，90% 的收益归原承包户，5% 的管理费以及 5% 公益金和风险金归合作社（光明村简介，2013）。第二，光明村农地股份合作社成立后招揽了许多具备市场经营管理能力的外来人才和企业，通过引进外资和先进的科研项目或技术，促进当地现代化农业和二三产业的发展，部分村民可以到附近的工厂、企业就近打工，在解决剩余劳动力的同时增加了村民的非农收入，2008 年光明村人均年收入为 6000 元，2012 年人均年收入增加至 1.2 万元

---

① 资料来源：光明村［EB/OL］. http：//baike. baidu. com/link? url = 1MiLJuVKIesNKLYPiq15e5m5Q_pwAdi1nPvumrhOplh0tyIP6AH－mmuA0UdF_0QriuVdoVhkztHoreGwnoz80WivzLC－Bw2Nhto0_AetYhewjO89－mPfX2Hfxo7kUu60.

（夏玉莲、曾福生，2014）。村民在得到土地经营权折价入股后的分红还可以额外增加非农收益，这无疑提高了农户的折价入股的积极性，降低了对土地的依赖程度。第三，虽然村民不直接参与交易的谈判决策，但是作为合作社的股东，享有决策、知情、监督的权利；对在折价入股的资产价值范围内发生的盈利与亏损有相应的有限责任。

从交易费用的视角分析。第一，土地股份合作制流转模式实现了土地的规模化，提高了土地的实际利用率，降低了匹配成本，为实现农业规模经营奠定基础。对于农户而言，村民不直接参与土地的流转交易，而是由合作社代替村民与新型经营主体进行谈判协商，节约了农户的市场型交易费用。对于合作社而言，由于合作社具备规范、科学的经营管理制度，先进的政策引导以及合作社成员的努力配合，提升了合作社整体的市场竞争力和谈判力，谈判决策费用有所降低。第二，集中化规模化的可供投资的连片土地，也降低了外来投资商的寻租成本与后期的土地整治成本；稳定的政策支持和良好的投资环境，使外来投资商获得长期的土地经营权，并且本需要外来投资商支付的基础设施建设成本变成由政府部门、合作社或村委会支付，这不仅增强了外来投资商在该村的投资热情使资金大量注入，更是为光明农地股份合作社发展现代高效农业产业以及生态休闲产业提供了先进的思想理念和现代化的经营管理经验，间接地降低了管理型交易费用。一举三得实现多赢效果。第三，农地股份合作社流转模式需要村委会、合作社和相关政府部门提供政策与财政的支持，例如，公共物品、合作社内部运行与监管、制度的规制与约束等，都增加了政治型交易费用。但是却也具有前期大投入、后期受益良多的特点。

从契约选择的视角分析。第一，光明村农地股份合作社作为土地流转模式的创新，不仅推动了当地农业经营的规模效益，实现了人才集聚效益和融资效益，还丰富了当地的人才结构，对当地人才的培养和回流起到积极作用。村内经济环境与结构的变化也促使当地村民思想意识的改变，由于农民本身具备的"小农意识"与"规避风险意识"，潜移默化地推动了具有法律保护的书面契约的实现和推广。第二，相关政府部门在推行农地股份合作社流转模式时的宣传示范作用，以及后期农民在实践中获得的经济利益和土地权益的保障，都增强了农户对书面契约形式的接受程度。

从制度安排的视角分析。光明村农地股份合作社具备健全的内部管理制度和完善的外部支撑制度。就内部管理制度而言，设立了科学的财政制度和收益分配方式，并严格执行《农民专业合作社财务会计制度》；将合作社成员大会设立为最高权力机构、理事会为执行机构，规定合作社代表、理事会和监事会的成员实行换届选举，每届任期 3 年；设立了道德约束激励机制和目标责任制度，降低了资源浪费和闲置，促进了利益最大化的实现。而完善的外部制度确保了合作社效益的最大化实现，具体体现在各级政府部门加大支农惠农政策扶持、资金持续投入、先进科技投入，加强对合作社内部制度的检查和监督，通过定期评估合作社的运行绩效，防范降低各种风险等措施（夏玉莲、曾福生，2014）。通过几年的实践，该村先后引进狮子山生态农庄、万和园、清逸园、湖南师大拓展基地以及锦绣江南等项目入驻，并获得了良好的社会效益和经济效益。

但是，农地股份合作社流转模式对当地经济发展、集体组织结构以及农民素质要求较高。所以此模式主要在东部沿海发达地区、大中城市的边缘区域或是有政策支持的新农村试点地区采用，这些区域的相同点为：城市化和工业化发展水平较高，有二三产业支撑，农民比较富裕或农村养老、医疗保险水平较高。

4.3.2.3　土地银行模式及典型案例分析

1. 土地银行模式

土地银行①流转模式是指在保留土地承包权的基础上，农户自愿将零散的承包地存进土地银行，土地银行依据土地的土质、土壤的肥瘠程度、区域位置、升值空间等明确级差性的"存地租金"，土地银行定期给农民

---

　　①　土地银行又称农村土地信用社，是一个中介机构，依靠和利用现有的农业发展银行的完善系统，转变其职能，并由其来承担土地流转业务。

发存地利息（土地租金）；"存储"起来的土地由土地银行进行规划整治，并通过公开招标竞争的方式"贷"给新型经营主体，而新型经营主体根据所贷土地的肥瘠程度、区域位置与期限长短缴纳贷地利息，贷地利息高于存地租金，所得差额一部分归土地银行作为日常经营开支和建立风险资金等；另一部分是村委会的公共基金（郭利华，2006）。这种"零存整贷"的土地流转模式以国家信用的形式为土地流转提供担保，受行政指令调控，不仅可以促进土地交易从无序到有序的转变，强化政府对土地流转交易的宏观调控，还有效地推动了农村剩余劳动力的转移和城乡社会经济一体化的发展（高永生、朱连奇，2009）。

2. 宁夏平罗土地银行模式分析

平罗隶属宁夏回族自治区石嘴山市，截至 2020 年 11 月，县域总面积为 2060 平方千米（309 万亩），耕地面积为 82.18 万亩，平罗县常住人口为 274206 人。平罗县盛产优质小麦、大米、蔬菜等，是全国重要粮基生产区，有"塞上小江南"的美誉①。平罗县交通便利、资源丰富、土质深厚、广阔的地域和平坦的地势适于现代机械化农耕的运营，并且该县总体经济比较发达，二三产业发展水平较高，农民外出打工比例较高、对土地的依赖也逐渐弱化。据统计资料显示：2004 年平罗县撂荒地约有 8000 亩；2005 年平罗县村民自发流转土地 2.189 万亩；2006 年平罗县的农村劳动力中非农就业占比为 51.6%，当地农民年人均纯收入 1337 元，非农收入比例为 33.8%；2007 年非农就业比例达 53.4%（中国人民银行石嘴山市中心支行课题组，2008）。这为当地农地的规模化流转和土地银行的发展提供了有利的客观条件。2006 年，平罗县委颁布《关于推进农村土地信用合作社建设的通知》要求：在坚持土地承包政策、用途与农民承包经营权不变的基础上，建立以土地和资产为资本，以存贷、托管、代耕和二三产业的发展为业务的土地银行，又称农村土地信用合作社。其实质为：由

---

① 资料来源：平罗县［EB/OL］. https：//baike.baidu.com/item/%E5%B9%B3%E7%BD%97%E5%8E%BF/9586651？fromModule = search-result_ lemma.

地方政府扶持推动并审批注册、村委会为主导的遵循国家法律法规的土地经营权流转的中介组织。平罗县委、县政府成立了专项工作领导小组，签订《土地流转协议书》并全程规范监督交易双方的履约情况，确保双方均依法依照协议兑现到位。

土地银行流转模式在平罗县正式实施后，当年平罗县姚伏镇乡镇级土地银行和 10 个村级土地银行成立，2006 年底贷出 1725.2 亩耕地及 5786.1 亩荒地，实现经济收入 332.58 万元（郭利华，2006）；到 2009 年 7 月底，全县共建立 45 家土地银行，存贷 18.5 万亩农地，存地收入达 1457 万元，累计为村委会创收 163 万元，转移了 7630 人次的农村劳动力（邵传林，2010）；截至 2011 年底，平罗县挂牌建立的土地银行 62 家，共计流转农地约 28.4 万亩，集体经济收入达 284 万元，转移劳动力 8450 人次，实现劳务收入约 4896 万元（见表 4 - 8）；2012 年平罗县依托土地银行开展了土地承包经营权抵押贷款业务（李光荣，2016）。从收集的数据和平罗县现有土地银行的实践情况来看，存贷双方形成双赢的发展机制，在政府部门的引导和资金扶持下，存贷规模持续增长，土地流转方式更加有序规范；通过土地银行规划整治后贷出的土地有利于农业机械化耕种方式的实现和适度规模化经济效益的提高。

表 4 - 8　　　　　　　　平罗县土地银行发展及相关数据整理

时间	土地银行（家）	共存贷土地（万亩）	涉及农户（人）	存地收入（万元）	转移劳动力（人次）	资料来源
2006 年底	11	0.75	5399	332.58	—	（郭丽华，2006）
2008 年 5 月	30	9.60	—	190.55	2530	（程志强，2008）
2008 年底	40	14.10	1924	—	—	（戴伟娟，2011）
2009 年 7 月	45	18.50	—	1457.00	7630	（邵传林，2010）
2011 年底	62	28.40	—	—	8450	（李光荣，2016）

从农民意愿的视角分析。平罗县土地肥沃但是抛荒弃荒现象严重，村

民在 2005 年自发流转的土地有 2.189 万亩，县域内二三产业的快速发展也造成了当地多数村民外出打工频繁，农民对土地的依赖程度越来越小。通过自发进行的土地流转，不仅使农民获得租金或实物的补偿，还可以完全解放劳动力。由此可知，农户自发设立的"农机化合作社"表示农民对流转中介组织有着内生需求，村内代表性人物提出的诱致性制度创新推动了土地流转制度创新的实行，之后政府部门就此实施的政策革新和财政支持都为土地银行的推广奠定了外部环境基础（邵传林，2010）。

从交易费用的视角分析。第一，土地银行模式实现了土地规模经营效益，通过对土地的"零存整贷"建立了丰富的土地储备，降低了匹配成本，提升了土地流转效率。第二，土地银行在土地流转交易中充当中介机构，农民只需要将承包地的经营权"存"入土地银行，不直接与贷地方谈判协商，所以此处农民不支付市场型交易费用，同时也不支付管理型交易费用和政治型交易费用。第三，对于贷地方而言，土地银行有效地降低了贷地方自行寻租的市场型交易费用，并缩短了相应的时间消耗。第四，平罗县委、县政府作为土地银行模式的推动者和组织者，对土地银行的建成和推广起主导作用，而政策、资金的双项扶持增加了政治型交易费用，例如，为了实现扩大当地农业规模经营程度，积极制订土地银行流转模式的实施方案、启动资金支持；注重流转严格监督，规范农户、土地银行、贷地方三方对协议或合同的履行状况，确保协议内容全部兑现到位等。

从契约选择的视角分析。当土地经营权成为银行财产时，土地的经营权经历了资产估值和份额化的流程，已经成为一种财产权利，在理论上更有利于市场化交易，所以，如果按照原来的口头契约的形式进行流转交易，村民随时有失去土地的危险，风险性极大。书面契约即书面合同具有法律效力，并且违约责任条款都在合同中有具体的文字表述，对农民土地权利的保护有积极作用，降低了失地风险和违约风险，书面契约的实行与推广也仅是时间问题。

从制度安排的视角分析。土地银行流转模式的实施提高了土地资源利用率和土地产出率，实现了规模化效益，但是土地银行只是一个土地流转中介组织，而非真正意义上的土地银行，发展不完善。从制度本身而言，第一，土地银行主要提供法律法规咨询、制度安排和收益分配等管理性质的工作；主要运作主体是地方政府，各级地方政府通过出台政策、规章制度引导指导流转交易；这种组织机构设置与管理监督体系不统一的运营模式，容易滋生贪污腐败行为和强制性征地的风险，侵害了农户的经济利益。第二，土地银行多依靠政府财政，资金来源单一，农地资源的整合开发需要大量的资金投入造成政府财政压力过大，同时由于政府是唯一出资人，很容易形成对农民利益的忽略。第三，土地银行模式在制定时没有涉及土地地力保护的内容，合同期满回收土地时，就土地是否受到不同程度的破坏或过度开垦的赔偿惩罚措施均没有明确规定。以上几点都造成土地银行成为村委会"反租倒包"合法化的"挡箭牌"。

4.3.2.4 小结

通过对小岗村土地出租模式、光明村农地股份合作社模式以及平罗土地银行模式中的交易主体、交易费用、契约形式和风险性的分析对比（见表4-9），发现农地的出租、股份合作制与土地银行模式都可以通过农地的连片集中实现规模化经济效益，还可以通过排水灌溉等公共设施的统一修建，达成农村公共产品的成本共担、收益共享。农户对契约形式的选择取决于转入土地的经营主体的复杂程度，转入土地的经营主体发生变化，交易费用也发生变化。若是转入土地的经营主体是农户，则交易双方多以口头契约为主；若转入土地的经营主体为种粮大户、合作社、农业企业或其他从事专业农业生产的经营者，那么转出土地的农户所面临的不再是单纯的农户间的市场性交易成本，还需要面对市场风险、竞争等复杂局面；此时转出土地的农户会选择具有法律效力与保护的书面契约，以此维护自身的合法权益和经济利益。经营主体越复杂，书面契约选择的概率越高，经营主体越简单，书面契约选择的概率相对会有所降低。通过以上三种流转模式政治型交易费用的对比，发现各级政府部门都十分重视对流转模式创新的研究和组建。如果中介服务机构、合作社与土地银行没有属于自身的资金来源或二三产业的资金技术支撑，只依靠政府财政拨款，不利于规模化农业经营模式的实现；若中介服务机构、合作社与土地银行的运营模式削弱甚至架空了农户的决策权、知情权以及监督权等权利，很容易成为村集体组织"反租倒包"合法化的掩饰物，农民失地风险增加，纠纷隐患增加。

表4-9   出租、股份合作社和土地银行模式的交易特点对比分析

流转模式	交易主体	市场型交易费用			管理型交易费用	政治型交易费用	风险性	契约形式
		信息搜集	谈判决策	合约管理执行				
小岗村出租模式	农户	较低	较低	较低	—	—	较低	合约
	承租方	较低	较低	较低	较低	—	较低	合约
	中介机构	较低	较低	较低	较低	较高	—	—
光明村农地股份合作社模式	农户	—	—	—	—	—	较高	合约
	流入方	较低	较低	较低	不变	—	较高	合约
	合作社	较低	较低	较低	有所减小	非常高	较高	合约
平罗村土地银行模式	农户	—	—	—	—	—	非常高	合约
	贷地方	较低	较低	较低	较高	—	较低	合约
	土地银行	较低	较低	较低	较高	非常高	—	合约

4.4　本章小结

农户是否选择流转土地以及选择何种流转模式的最终目的都是为了增加经济收益，提高生活质量。当地政府部门因地制宜针对当地的经济现状、土地地质、地理位置以及地块分布等因素，在已有流转模式的基础上进行改进、创新，以此实现土地经营的规模效益，通过农地流转吸引外来资金，并带动当地二三产业发展，实现农民增收。在对五种流转模式的分析中发现，农户之间的转包、互换、代耕、出租等初级阶段的流转模式虽然可以暂时起到增加农户收入、提升社会福利水平的目的，但是却无法适应现代农业快速发展和农户增加收益的需求。土地产权"三权分置"的实施，使得土地的经营权从土地承包经营权中剥离出来，为土地经营权的市场化提供前提条件，同时也为农地规模经营与流转模式的创新提供了发展空间。高级阶段的流转模式，如合作社模式和土地银行模式，通过融资、引资、招商或其他市场化经营方式，提高了当地经济的综合发展，也提高了农户的就业率和收益，而且土地银行的存地模式更是预防了农户因失业无地种的局面，但是也存在较大的风险性、竞争性。

　　本章通过对五类创新性流转模式的分析比较，发现市场型交易费用影响着农户对土地流转模式的选择；管理型交易费用和政治型交易费用影响着新型经营主体与中介机构的执行力度和实施方案；政治型交易费用与当地政府的政策和财政有密切联系。并且一方面，当流转模式越复杂创新性越高，契约的选择多以书面合约为主；另一方面，当流转经营主体越复杂，书面合约的使用概率也越高。

第5章

交易费用与农户选择不同
流转模式的博弈分析

由于中国土地流转交易中存在中介服务机构不完善、价格评估机制和评估标准欠缺、风险应对机制滞后以及农村社保制度落后导致各流转模式中的交易费用差额很大、契约方式的选择也不尽相同。目前，我国农地流转模式以转包、出租、代耕等初级流转模式为主，这种小规模、小区域的家庭承包式农业生产模式，无法形成规模性经营效益，降低了劳动生产率、土地生产率以及成本产值率。本章以交易费用理论和契约理论为基础和视角，运用博弈模型进行分析，发现土地流转主体的变化造成交易费用的改变，交易费用的高低影响农户对流转模式的选择，经营主体单一、流转交易简单的初级阶段的流转模式选择口头契约的比重较高，经营主体多样、流转交易复杂的高级阶段的流转模式多以书面契约为主。

5.1 农村土地流转主体分析

5.1.1 农户——兼具转入方与转出方

土地与农民的利益直接相关，在市场经济条件下，农户即是独立的商品生产者,又是分散经营的主体,其生产经营活动是理性的经济行为。依据成本—收益法,农户的机会成本由农业收入和非农收入组成,农户的期望收益由土地流转收益和预期非农收入构成,当期望收益大于机会成本时,农户才会有流转土地的意愿。由此可知,农户选择流转土地是为了追求利润的最大化,土地流转后劳动力得到释放,农户有更多的时间从事非农劳动,期望收益随之增加;家庭式小规模小范围的农业经营模式提高了劳动力的投入和使用农机具的物质费用,难以实现规模效益。农户虽然是实现土地流转的重要环节,但是人数较多、精于算计和擅长"搭便车"的"小农"行为造成农户难以形成统一的集体行动和发挥集体优势,因此,在博弈的过程中农户处于弱势地位。

5.1.2　新型经营主体——转入方

为了加快农业经营制度的创新,政府部门提出了发展新型农村土地经营主体的意见,新型经营主体具体包括:种粮大户、家庭农场、农民专业合作社与农业产业化龙头企业等。其中,种粮大户发展到一定规模已无法适应今后发展的需要,需要逐渐发展为规模更大、技术水平更高、资金流量更充足、应对风险能力更强的家庭农场模式。农民专业合作社(以下简称"合作社")是在不改变家庭承包经营的条件下,自愿联合、民主管理的互助性经济组织①,弥补了村委会发展统一规模化经营中的不足。农业产业化龙头企业(以下简称"农业企业")是由政府扶持培育的统一经营主体;是在市场经济中遵照市场规律运营的企业,具有资金雄厚、融资便捷、生产技术与管理水平先进的特点;是工业反哺农业的有效形式(李光荣,2016)。2013年的中央一号文件《关于加快发展现代农业进

---

① 《中华人民共和国农民专业合作社法》第一章总则第二条:"本法所称农民专业合作社,是指在农村家庭承包经营基础上,农产品的生产经营者或者农业生产经营服务的提供者、利用者,自愿联合、民主管理的互助性经济组织。"

一步增强农村发展活力的若干意见》首次提出："要尊重和保障农户生产经营的主体地位，培育和壮大新型农业生产经营组织"。2022年中央一号文件《中共中央 国务院关于做好2022年全面推进乡村振兴重点工作的意见》再次提出："支持家庭农场、农民合作社、农业产业化龙头企业多种粮、种好粮。"

5.1.3 村委会——具有中介服务的作用

此处的村委会是指村民委员会，即基层群众自治组织，属于执行机构。村干部是农民中的一员，利益取向应该和农民相同，在实际中却成为徘徊于农民之外、置身于农民和乡镇干部之间独立且又矛盾的利益群体（戴伟娟，2011）。如果说农户是分散经营的主体，村委会就是统一经营的主体（李光荣，2016），相比于单户农户，村委会具有抵御市场风险的能力和实现统一规模经营的优势，能够提高农民组织化程度，就土地流转问题可以起到沟通供求双方需求的作用；代替农户提升在市场谈判中的地位；减少生产和交易成本；提高抵御风险和引资融资的能力。所以在本书中，将村委会归结为具有协调作用的中介机构。

中国农村土地制度的改革不仅适应生产力发展水平的需要，同样也适用于农业经营主体的发展现状，从土地流转的整体格局发现，农业经营主体呈现出从单户农户向种粮大户、合作社与农业企业等多样化的经营主体转变。国家发展改革委价格成本调查中心主任黄汉权表示："党的二十大报告提出：'全方位夯实粮食安全根基'。这个'全方位'从生产主体上，既要保护好小农户利益，提高农户的种粮积极性，又要支持种粮大户、家庭农场、合作社等新型经营主体，发展多种形式适度规模经营。"（刘慧，2022）从表5-1中可以发现，农户所占比例虽然呈下降趋势但仍然占主导地位，其他多样化的经营主体比例呈上升趋势且发展空间巨大。

表 5 - 1　　　2010 ~ 2014 年不同经营主体经营农地面积与比例

经营主体		2010 年	2011 年	2012 年	2013 年	2014 年
农户	经营面积（亿亩）	12.15	12.03	12.12	11.92	11.61
	占比（%）	95.44	94.21	92.52	89.83	87.36
合作社	经营面积（亿亩）	0.15	0.19	0.25	0.32	0.39
	占比（%）	1.18	1.49	1.91	2.41	2.93
农业企业	经营面积（亿亩）	0.22	0.31	0.44	0.69	0.88
	占比（%）	1.73	2.43	3.36	5.20	6.62
其他经济组织	经营面积（亿亩）	0.20	0.24	0.29	0.34	0.41
	占比（%）	1.57	1.88	2.21	2.56	3.09

资料来源：刘守英. 中国农地权属与经营方式的变化（2010 - 2014）［EB/OL］. http：// www. dss. gov. cn/News_wenzhang. asp? ArticleID = 382899，2016 - 02 - 19.

5.2　农地流转主体的决策博弈分析

农村土地的流转就是流转双方的一种交易行为，由于土地的不可移动的特性，农地交易的匹配成本增加，农户转出农地的意愿成为土地流转的先决条件，而农户净收入的多少、农业生产与交易成本的高低、农村社保制度的完善程度都影响着农户流转土地的意愿。因此，交易双方会依照与自身相关的效用函数和约束条件来决定策略集（strategy），交易双方就土地流转效用的权衡中形成统一意见，土地才能发生流转交易。

5.2.1　农户间的决策博弈分析

5.2.1.1　建立博弈模型的假设条件

假设 5 - 1：在农村土地的流转交易中，通常有两个参与人。一方是原承包方，也就是土地承包经营权的持有者，简称 H；另一方为承租方，简称 L。交易双方都是理性的追求自身利益最大化的农户。

假设 5 - 2：原承包方 H 有两个策略分别是（转出，不转出），承租方 L 的行动策略为（转入，不转入）。

假设 5 - 3：原承包方选择转出全部承包地后获得的收益分别为地租 R（R > 0）和中华人民共和国成立后的剩余劳动力外出打工的非农收益 P^H（$P^H \geq 0$）；流转过程中的交易费用为 C^H（$C^H \geq 0$），原承包方自己耕种土地的收益同时也是转出土地的机会成本 E^H（$E^H \geq 0$，E^H 体现的是家庭承包制模式下的小规模种植收益；E^H 值越低，流转出土地的概率越大；E^H 值越高，流转出土地的概率越小）。$\beta \in [0，1]$ 为原承包方对土地的依赖程度，原承包方越依赖土地，β 值越趋向于 1；原承包方对土地的依赖度越小，β 值越趋向于 0。由于土地具有地域性、稀缺性和不可替代性的特点，原承包方具备相对优势地位，同样也需要支付监督成本避免土地转出后出现过度开垦或预防失地风险，这项努力设定为 $S \in [0，S^+]$。

假设 5 - 4：承租方选择转入土地可以实现农业生产规模效益 E_1^L（$E_1^L > 0$），转入土地需要支付给原承包方的地租 R 以及交易费用 C^L（$C^L \geq 0$）。承租方选择不转入土地，则无法实现规模效益，承租方的原农耕收益为 E^L（$E^L > 0$，也是承租方转入土地的机会成本，E^L 值越大，承租方越希望租到更多的土地实现规模效益；E^L 值越小，承租方对流转土地的期望越小）。$\lambda \in [0，1]$ 为土地对承租方的重要程度，承租方认为转入土地可以带来更多的收益，λ 值越趋向于 1；承租方认为转入土地带来的收益越小，承租方认为土地的重要性越小，则 λ 值趋向于 0。

博弈双方的收益设定，遵照常规，原承包方为行参与者，其收益为表 5 - 2 中括号内的前者；承租方为列参与者，其收益为表 5 - 2 中括号内的后者。当承租方选择转入原承包方所有承包地时，原承包方选择转出土地的收益为：$R + P^H - C^H - S$；原承包方不转出土地的收益为 0（因为就土地是否流转问题没有达成一致意见，交易无法成立，所以此时假设收益为 0）；当承租方选择不转入土地时，原承包方选择转出土地的收益为 0；原承包方选择不转出土地的收益为 βE^H。同样，当原承包方选择转出土地时，承租方选择转入土地的收益为 $E_1^L - C^L - R$；选择不转入土地的收益为 0（因为就土地是否流转问题没有达成一致意见，交易无法成立，所以此时假设收益为0）；当原承包方选择不转出土地时，承租方选择转入土地的收益为0；选择不转入土地的收益为 λE^L。

基于上述假设条件，参与双方是同时行动的，收益方面取决于参与人对策略集的选择，博弈模型是完全信息的静态博弈，即参与人的收益情况是公开的，博弈模型的收益矩阵如表5-2所示。

表5-2　　　　　　　　　农村土地原承包方与承租方的博弈矩阵

		承租方	
		转入	不转入
原承包方	转出	$(R + P^H - C^H - S,\ E_1^L - C^L - R)$	$(0,\ 0)$
	不转出	$(0,\ 0)$	$(\beta E^H,\ \lambda E^L)$

参与人双方围绕土地流转是否可以带来收益的增值进行博弈。经调查发现，农村土地流转速度的快速增长带动了土地经营主体的转变（见表5-3），但是农户依然是转入土地的主体，占据着主导地位（刘守英，2016）。所以，农户之间的土地流转模式的纳什均衡是（转出，转入）。下面从土地原承包方和承租方的角度分析这些条件为什么可以成立。

表5-3　　　　　　2010～2016年、2018～2019年农地流转转入主体统计

经营主体		2010年	2011年	2012年	2013年	2014年	2015年	2016年	2018年	2019年
农户	农地流入面积（亿亩）	1.29	1.54	1.80	2.06	2.35	—	2.80	—	3.12
	比例（%）	69.35	67.54	64.75	60.41	58.31	57.40	58.40	57.17	56.18
专业合作社	农地流入面积（亿亩）	0.22	0.31	0.44	0.69	0.88	—	1.03	—	1.26
	比例（%）	11.83	13.60	15.83	20.23	21.84	18.36	21.60	22.47	22.69

续表

经营主体		2010 年	2011 年	2012 年	2013 年	2014 年	2015 年	2016 年	2018 年	2019 年
农业企业	农地流入面积（亿亩）	0.15	0.19	0.25	0.32	0.39	—	0.46	—	0.58
	比例（%）	8.06	8.33	8.99	9.38	9.68	11.56	9.70	10.31	10.38
其他经营主体	农地流入面积（亿亩）	0.20	0.24	0.29	0.34	0.41	—	0.50	—	0.60
	比例（%）	10.75	10.53	10.43	9.97	10.17	12.68	10.30	10.04	10.75

资料来源：刘守英. 中国农地权属与经营方式的变化（2010~2014 年）［EB/OL］. http：// www. dss. gov. cn/News_wenzhang. asp？ArticleID = 382899，2016 - 02 - 19. 魏后凯，闫坤. 中国农村发展报告：以全面深化改革激发农村发展新动能［M］. 北京：中国社会科学出版社，2017. 农业农村部. 2016 年农村家庭承包耕地流转及纠纷调处情况［EB/OL］. http：//www. hzjjs. moa. gov. cn/nyshhfw/201904/t20190418_6182626. htm，2018 - 01 - 05.

5.2.1.2 博弈过程分析

从农户的角度进行分析：改革开放初期，市场化、工业化的快速崛起，相对于农耕收益，高昂的非农收入冲击了农村劳动力市场，农村多数青壮劳动外出务工，引起了第一轮土地流出高潮，尤其是 1991 年全国农地转包出耕地面积达到历年之最（见图 3 - 3），2006 年政府部门取消了农业税并实行支农惠农政策以后，很多地区的农民即使不耕种土地也可以获得农业补贴且不需要纳粮缴税，导致撂荒成为各个农村地区的普遍现象。照此发展趋势，原承包方应该是在自己不耕种土地的情况下通过土地的流转实现经济利益的增收，但事实并非如此。由于中国农村社保制度不完善，土地依旧承担着养老保险、医疗保险或失业保险等多种保障功能，农民对土地的依赖程度越大，土地流转的可能性就越小；β 值越接近于 1，原承包方流转土地的意愿越小，当 β = 1 时，原承包方选择自己耕种承包地。所以，很多农户担心土地流转后就失去了土地的"拥有权"，失去了后半生的养老保障和生活依靠。但是农户之间的流转行为却可以很好地规避这一问题。

　　首先从原承包方角度来看。第一，不担心失去土地。农户之间进行的土地流转行为多是以转包、代耕、互换、出租等初级流转模式为主，在他们的潜意识中，土地交给同村或邻村的村民耕种，土地还是归自己所有，不仅没有失去土地，还可以获得额外收入。第二，获得额外地租。工业化、城镇化的飞速发展，为农村青壮劳动力提供了获取非农收入的机遇，现在的农民已经成为以外出打工为主，在农忙时节回乡农耕为辅的兼业型农民，从事农耕的多是 60 岁以上的无法外出打工的老人和年龄偏小在乡镇学习的孩子，从而影响了粮食产量的提升，农民的农业收入随之降低。所以，原承包方将土地进行流转后，在解放劳动力的同时也可以获得地租，无论是实物地租还是货币地租，其价值量都超过自己闲暇时耕种或撂荒的农业收入。第三，交易成本很低。农村是一个以血缘、亲缘、地缘为纽带的亲情意识很强的社会群体，生活圈和社交圈都很小，造成同村农户间或邻村农户间彼此熟悉，属于完全信息，为此降低了交易前期的交易费用（搜索费和信息费），提高了资源配置效率。第四，以口头契约为主。同村或邻村的农户间的关系是通过无数次的博弈确立的邻里关系与家族观念等，无意中形成了一种利益相关性，卡森（Casson，1991）、科尔和凯霍（Cole and Kehoe，1995）、洪名勇和钱龙（2015）分别指出：声誉具有外溢性、外部性，类似公共产品，在一定区域内实现传播。在实际生活中农户间的重复博弈使得农户的诚信度较高，口头契约自我履约的可能性增加；区域的局限性和以血缘、亲缘、地缘为基础的社会关系网，也降低了口头契约违约的风险性。第五，村民之间信誉度和诚信度也是经历了多年无数次的博弈积累形成的，若是承租方在流入土地后欺诈原承包方，那么承租方将面临其他村民道德上的谴责与信誉度的怀疑，付出的代价太大，此时的监督成本 S 趋向于 0，合约监督费与谈判决策费很低。通过上述五点可以得出原承包方选择流转土地的收益大于不转出土地的收入，即 $R + P^H - C^H - S > 0$，同时，原承包方选择流转土地的收益也大于自己耕种的农业收入，即 $R + P^H - C^H - S > \beta E^H$。由此可得，地租收益与非农收益越高，原承包方流转出土地的概率就越大；交易费用和监督成本越高，原承包方流转出土地后的地租越小，流转土地的概率也越小。

其次从承租方角度来看。第一，承租方转入土地可以实现小范围内的规模化耕种模式，实现了农地的集中储备，匹配成本降低，土地利用率提高。第二，小规模的耕种模式可以通过统一农作物，实现统一模式化的耕种，例如，统一播种、施肥、灌溉、管理与统一收获等，农业生产成本大幅度降低，劳动力得到充分利用，推动规模化效益的实现。第三，由于承租方也是本村或邻村的村民，在亲情、地缘的牵绊中，出现强占承包地的局面为0，原承包方完全不担心失去对土地的拥有权，即承租方给予的地租较低，甚至出现原承包方倒贴租金请承租方帮助耕种土地的现象。但是却可以很好地解决了原承包方"失地风险"的问题；同样，此时的交易成本很低，寻租成本几乎为0。从上述三点可以得出承租方通过流入土地实现规模化经营的收益一定大于不转入土地的收益，即 $E_1^L - C^L - R > 0$，同时，承租方流入土地的收益还大于未流入土地时自己耕种土地的收益，即 $E_1^L - C^L - R > \lambda E^L$。由此可得，当承租方获得的农业生产规模效益高于要支付的地租与原农耕收益时，承租方转入土地的期望越高。

基于以上原因，原承包方和承租方都进行土地流转交易时，双方都能够获得最大化的经济收益。原承包方家中的青壮劳动力可以放心外出打工，家中的老、幼劳动力可以收取地租，家庭收入得到提升、土地资源得到有效利用。承租方通过转入土地实现连片经营，农地资源在小范围内得到重新配置，与未流入土地时相比，农业的连片经营降低了生产成本、提高了农业产值。使得农户间的土地流转成为最常见的流转模式，并且占据了全国农地流转总量的绝大多数（见表5-1）。所以，原承包方和承租方形成利益相关性，该完全信息静态博弈的纳什均衡对应的收益为 $(R + P^H - C^H - S,\ E_1^L - C^L - R)$，纳什均衡为（转出，转入）。

5.2.2 非农户间的转出方与转入方的决策博弈分析

在实际生活中，我国农村土地流转仍然处于农户之间小范围的转包、出租、互换或代耕的初级阶段，虽然耕种土地的面积有所增加，但也只是流入土地的农户多耕种了其他一户或几户农民的承包地，没有实现实质性的规模化效益。农民从事农业生产是理性的经济行为，需要投入资本、人力和技术等，并且流转土地需要支付的交易费用等同于非生产性的固定投入；农民的兼业化、劳动力的老龄化和农业的边缘化造成农民对农业生产的投入资本很少，排涝灌溉等设施的"公地悲剧"现象频繁发生。新型经营主体为了达到规模化经营、降低交易成本和匹配成本，多选择与村委会而非单户村民协商土地流转问题。村民由于知识结构、谈判能力、对最新信息的理解选择等整体素质较低，为了提高在市场中的谈判地位，增强抵御风险的能力，村委会与村民协商成立的农民合作社或当地政府设立的土地银行等中介机构就填补了农民在市场交易中的不足，增强了融资与抵御防线的能力，同时也共同分享农业生产经营增值收益。因此，就土地是否流转问题，流出方与流入方之间将会形成完全信息静态博弈。

5.2.2.1 建立博弈模型的假设条件

假设 5 - 5：土地流转交易中的两个参与人分别为：转出方 A 和转入方 B（B 为种粮大户、农场主、合作社或农业企业等新型经营主体），参与双方都是追求利益最大化的理性经济人。单户农民承包地面积受限，无法实现规模化土地流转，此处的转出方 A 取值为 $A \in (1, \cdots, A \text{ 户村民})$。此处的农地全部参与流转，不考虑流转部分农地的情况；农地具有地域性和不可替代性；不改变农用地性质。

假设 5 - 6：两个参与人的策略集设定如下，转出方 A 的行动策略分别为（转出，不转出），转入方 B 的行动策略为（转入，不转入）。

假设 5 - 7：转出方 A 选择同意转出土地，能够获得地租为 E_{AC}（$E_{AC} > 0$），流转出土地后劳动力得到解放，外出打工的非农收入 P_A（$P_A \geqslant 0$）增加，设定 $\theta \in [0, 1]$ 为非农就业率，当 θ 值趋向于 0 时，表示转出方 A 外出打工就业率很低，非农收入很少，$\theta = 0$ 表示非农收入为 0，转出方 A 没有外出打工或外出打工不挣钱；当 θ 值趋向于 1 时，表示非农收入较高，$\theta = 1$ 表示转出方 A 有固定的非农收入。如果转出方 A 不愿意流转土地，转出方 A 的利益不变，依旧维持原耕种农地的收益 E_{A1}（$E_{A1} > 0$，也是流出土地的机会成本，即 E_{A1} 值越大，种地收益越高转出方 A 流转出土地的意愿越小；E_{A1} 值越小，种地收益越小转出方 A 流转出土地的意愿越大）。$\beta \in [0, 1]$ 为转出方 A 对土地的依赖程度，β 值倾向于 1 时，表示转出方 A 依赖土地的程度越高，当 β 值倾向于 0 时，转出方 A 对土地的依赖度越小。转出方 A 通过中介服务机构进行土地流转，需要缴纳中介费 $C_{A中}$（$C_{A中} > 0$）；若转出方 A 选择自己寻找承租方，则需要支付市场型交易费用 C_{Am}（$C_{Am} > 0$，包括信息搜集、谈判决策和签订合约后的执行监督等费用），且 $C_{A中} < C_{Am}$。转出方 A 的失地风险为 $C_{A风}$。

假设 5-8：转入方 B 通过转入土地实现规模化效益，规模经营的收益为 E_{BC}（$E_{BC} > 0$），规模化的资本投入成本为 C_{B1}（$C_{B1} > 0$，包括对土地的整理规划成本、农业生产成本和现代化农机具的投入成本等）。转入方 B 通过中介服务机构进行土地流转，需要缴纳中介费 $C_{B中}$（$C_{B中} > 0$）；若转入方 B 选择与农户自行协商流转土地问题，需要支付市场型交易费用 C_{Bm}（$C_{Bm} > 0$，包括信息搜集、谈判决策和签订合约后的执行监督等费用）和管理型交易费用 C_{Bn}（$C_{Bn} > 0$，包括信息技术投入或公共关系等费用）；$C_{B中} < C_{Bm}$，$C_{B中} < C_{Bn}$。转入方 B 的失地风险为 $C_{B风}$。

假设 5-9：设定此博弈中有起到中介服务作用的村委会介入，村委会保护农民利益可获得政绩效益为 E_p^v（$E_p^v > 0$），树立良好的威信度 E_π^v（$E_\pi^v > 0$），获得额外的经济收益 E_c^v（$E_c^v \geq C_{A中} + C_{B中}$）。村委会的管理型交易成本为 C_n^v（$C_n^v > 0$，包括中介服务机构的正常运营或人员管理等费用）以及政治型交易成本 C_p^v（$C_p^v > 0$，包括信息咨询、中介协调和监督管理等费用）。

在村委会不介入参与双方的流转交易且参与人双方各自寻租的前提下，参与人的收益设定，转出方 A 为行参与者，其收益为表 5-4 括号内的前者；转入方 B 为列参与者，其收益为表 5-4 括号内的后者。所以，当转出方 A 同意转出土地时，转入方 B 选择转入土地策略的收益为：$E_{BC} - C_{B1} - C_{B风} - C_{Bm} - C_{Bn}$；转入方 B 选择不转入策略的收益为 0。当转出方 A 不愿意转出土地时，转入方 B 选择转入或不转入策略的收益均为 0。当转入方 B 选择转入土地时，转出方 A 选择转出土地的收益为：$E_{AC} + \theta P_A - C_{Am} - C_{A风}$；转出方 A 选择不转出土地的收益为原耕种农地的收益 βE_{A1}。当转入方 B 选择不转入土地时，转出方 A 选择转出土地的收益为 0，选择不转出土地的收益为 βE_{A1}。

基于上述假设条件，参与人双方是同时行动的，收益的多少取决于参与人对策略的选择，博弈模型是完全信息的静态博弈，参与人的收益情况是公开知识，博弈模型的收益矩阵如表 5 – 4。

表 5 – 4　　　　　　　　　转出方 A 与转入方 B 的博弈矩阵

		转入方 B	
		转入	不转入
转出方 A	转出	$(E_{AC} + \theta P_A - C_{Am} - C_{A风},\ E_{BC} - C_{B1} - C_{B风} - C_{Bm} - C_{Bn})$	$(0,\ 0)$
	不转出	$(\beta E_{A1},\ 0)$	$(\beta E_{A1},\ 0)$

参与人双方围绕土地流转后是否会带来收益增值进行博弈，但是经过分析发现当转入方从单一的农户转变为多样化的新型经营主体时，例如，种粮大户、农场主、合作社或农业企业等，转出方 A 与转入方 B 的纳什均衡为（不转出，不转入），下面从转出方 A 与转入方 B 的角度分析此均衡成立的条件。

5.2.2.2　在没有村委会介入的前提下，流转双方的博弈过程分析

转出方 A 是追求利益最大化的理性经济人，在进行策略选择的时候可以预想到：第一，交易费用增加。转入方 B 是具有强大经济实力的种粮大户、农场主、合作社或农业企业等新型经营主体，不是经济能力、谈判能力、知识结构等因素处于同等地位的同村或邻村的村民，在谈判能力与自身综合素质等方面流出方 A 处于弱势地位；流入方 B 可以依据土地流转市场与中介服务机构职能不完善的现状，凭借充裕的信息资源、先进的生

产技术与科学的管理水平抢占话语权或强行降低租金。第二，破坏耕地。转入方 B 是追求利益最大化的理性经济人，在转入土地后可能会进行掠夺式的开垦，采用过度消耗土地肥力地力的方式增加粮食亩产量，对土地造成严重破坏。第三，失地风险增加。由于转入方 B 不受村规村约和地域的限制，可能会发生携款潜逃、改变土地使用性质后再开发利用或利用资金财力收买贿赂当地政府，与当地政府"合谋"侵占土地等现象；或者利用雄厚的资金实力与社会操纵力，从模糊合约条款、迟延履行义务等形式中获得便利，这都严重侵犯了转出方 A 的合法权益，提高了失地风险。以上三种情况都增加了转出方 A 的失地风险和交易成本，即 $E_{AC} + \theta P_A - C_{Am} - C_{A风} < \beta E_{A1}$ 且 $E_{AC} + \theta P_A - C_{Am} - C_{A风} < 0$；所以转出方 A 会选择不进行土地流转，以此规避失地风险。

对于转入方 B 而言，第一，交易费用增加。转入方 B 自行寻找土地的出租方，需要直接与数量众多的单户农户之间就流转土地的问题进行交涉，流入方 B 将面对高昂的信息搜集费与谈判决策费，并且花费大量的人力、资本、财力、时间和精力，市场型交易费用和管理型交易费用急剧增加。第二，土地匹配成本太高。农村地区普遍存在分散经营、细碎化生产的农业经营模式，如果有一位或几位农民不愿意进行土地流转交易，那么转入方 B 就无法实现农业的规模化经营，规模效益更无从谈起。第三，"敲竹杠"现象普遍。由于我国土地流转市场的价格评估机制尚不完善，地租也没有出台具体的价格标准和涨跌范围，很多农村地区出现漫天要价的局面，"敲竹杠""搭便车"的现象更是屡见不鲜，严重打击了转入方 B 投资农业生产的热情。第四，生产成本与失地风险增加。转出方 A 由于综合能力较差，处于弱势地位，担心失去承载着后半生养老保险和医疗保障双重责任的土地，所以在与转入方 B 签订流转土地的合约时，会选择流转期限较短的方式，或实行一年一签的滚动式重复签约形式，这种期限短、次数频繁的签约方式显然增加了交易成本，同时也增加了转入方 B 的失地风险和生产成本的投入，影响了土地生产率和成本产值率，甚至会出现转入方 B 撤资的局面。此时即 $E_{BC} - C_{B1} - C_{B风} - C_{Bm} - C_{Bn} < 0$，所以转入

方 B 会选择不转入土地的策略。

由此可知，在没有中介服务机构介入的前提下，转出方 A 和转入方 B 采用自行寻租的流转方式，不仅增加了市场型交易费用、土地的匹配成本和农业生产成本，更是增加了参与双方的失地风险。在此完全信息静态博弈下的纳什均衡是（不转出，不转入），交易不成立，土地无法通过流转实现规模效益。

5.2.2.3　村委会介入后的流转双方的博弈过程分析

由于参与双方都是理性的经济人，且追求利益最大化、风险最小化，所以为了避免"机会主义"造成严重的损失，他们宁愿选择（不转出，不转入）的策略，以此维护自己的合法权益不受侵害，这样就形成了"囚徒困境"的局面。此时为了使流转交易具有可行性，加入一个起到协调作用的中介服务机构——村委会即村民委员会。

村委会是指"村民委员会办理本村的公共事务和公益事业，调解民间纠纷，协助维护社会治安，向人民政府反映村民的意见、要求和提出建议"。① 其利益取向应该与农户保持一致，但是在实践中村委会会因为利益权衡形成不稳定的策略选择。例如，当转入方 B 与转出方 A 发生利益矛盾时，村委会可能会因为高额的非法经济收益与转入方 B 合谋从而牺牲转出方 A 利益；或者在当地政府与转出方 A 发生利益冲突时，村委会可能会因为政治保护或特权默许等原因与当地政府合谋损害转出方 A 的利益（戴伟娟，2011）。也就是说受高额的非法经济利益与低违法成本的影响，村委会与农户的利益取向会产生偏离，形成在流转交易中获取暴利的"反租倒包"模式。

政府部门于 2001 年颁布的《中共中央关于做好农户承包地使用权流转工作的通知》中指出，要对不符合家庭承包经营制度的流转模式给予制止。2008 年中央一号文件《中共中央　国务院关于切实加强农业基础建

---

① 参见《中华人民共和国村民委员会组织法》第二条第二款。

设进一步促进农业发展农民增收的若干意见》明确指出："依法制止乡、村组织通过'反租倒包'等形式侵犯农户土地承包经营权等行为。"《中华人民共和国村民委员会组织法》（以下简称《村民委员会组织法》）第十一条规定："村民委员会主任、副主任和委员，由村民直接选举产生。"不是上级委派或指定的，并且多数村委会主任是本村的村民，可以说村委会主任、副主任、委员以及工作人员几乎都是本村的村民，而村民之间的邻里关系、亲朋关系本身就是通过无数次博弈逐渐生成的，如果因为一时的经济利益而选择欺骗，那么其威信度 E^v_π 会降低，在下次换届选举时选票会受到影响或无人投票；在以亲缘、血缘为牵绊的农村地区，这种"欺骗"造成侵犯农户利益的行为直接影响其家族在村里的地位和话语权。以上是政府部门的政策规范、村约村规以及习俗等方面的约束，就转出方 A 而言，可以与村委会签署中介协调方面的合约，为了使合约具有法律效应，可以在签订后到公证部门进行公证，此合约签订的目的是为了防止村委会因高昂的非法收益滋生倒买倒卖的不法行为，若村委会在流转交易中出现不法行为或侵犯了转出方 A 的权益，转出方 A 可以依据此合约实行法律诉讼维护自己的合法权益。通过以上三方面的规范和约束，村委会可以很好地起到以提供中介服务、降低交易成本为主的行政主导的土地流转中介机构的作用。

当村委会以中介机构的形式介入流转交易，参与人的收益设定为：当转出方 A 同意转出土地时，转入方 B 选择转入土地策略的收益为 $E_{BC} - C_{B1} - C_{B中}$；转入方 B 选择不转入策略的收益为 0。当转出方 A 不愿意转出土地时，转入方 B 选择转入或不转入策略的收益均为 0。当转入方 B 选择转入土地时，转出方 A 选择转出土地的收益为 $E_{AC} + \theta P_A - C_{A中}$；转出方 A 选择不转出土地的收益为原耕种农地的收益 βE_{A1}。当转入方 B 选择不转入土地时，转出方 A 选择转出土地的收益为 0，选择不转出土地的收益为 βE_{A1}。

此博弈模型还是完全信息的静态博弈，参与双方同时进行策略选择，收益的大小与参与人对策略的选择有关，参与人的收益情况是公开的，博弈模型的收益矩阵如表 5 - 5。

表 5 - 5　　　　　村委会介入后的转出方 A 与转入方 B 的博弈矩阵

		转入方 B	
		转入	不转入
转出方 A	转出	$(E_{AC} + \theta P_A - C_{A中},\ E_{BC} - C_{B1} - C_{B中})$	$(0, 0)$
	不转出	$(\beta E_{A1},\ 0)$	$(\beta E_{A1},\ 0)$

　　此博弈还是参与双方围绕流转土地是否会带来收益增值而进行的，但是在参与双方进行博弈时，有村委会作为中介机构介入，能够起到信息咨询、谈判协调和签订合约后的监管执行等作用，即使转入方 B 从单一的农户转变为多样化的新型经营主体，也因为村委会的介入减少了参与双方的交易费用、降低了失地风险。此时，土地流转交易从不可行转变为可行，转出方 A 与转入方 B 的纳什均衡从（不转出，不转入）向（转出，转入）这个纳什均衡转变，下面从转出方 A 与转入方 B 的角度分析此均衡成立的条件。

　　从转出方 A 的角度进行分析。转出方 A 的取值为 A∈(1，…，A 户村民)，所以转出方 A 具有农户利己主义为先的"小农"意识以及人数众多形成"搭便车"的倾向，很难自发形成集体行动；即使在短暂的时期内因利益一致性有了集体行动，其中的部分农户在受到行政力量或金钱诱惑的影响时很容易形成"背叛"行为，造成集体行动失败，但是村委会的介入使得难以发挥统一优势的问题得到解决。第一，降低了转出方 A 的市场型交易费用，通过公布土地供求信息的方式，帮助转出方 A 筛选信息、辅助转出方 A 与转入方 B 进行谈判决策、协助参与双方监督契约执行力度等，即 $C_{A中} < C_{Am}$。第二，降低了失地风险，村委会干部或工作人员都是村民中的一员，在政策法规的规范和村约村规约束以及道德理念和乡村社会习俗影响下，村委会的既得利益和利益取向与转出方 A 基本一致，因此也担心转出方 A 失去土地，所以村委会会加大对签订合约以及转入方 B 的监督

力度，以此确保土地的承包权。第三，在村委会的介入和保护下，转出方 A 通过流转土地可以获得地租收益、非农收入，提高了生活水平。所以转出方 A 选择转出土地的收益大于不转出土地的收益，即 $E_{AC} + \theta P_A - C_{A中} > \beta E_{A1}$，且 $E_{AC} + \theta P_A - C_{A中} > 0$。

基于以上原因，转出方 A 选择转出土地的收益大于选择不转出土地的收益，即对于转出方 A 而言，选择转出土地为最优选择。

从转入方 B 的角度分析。第一，降低交易费用。转入方 B 作为提供地租的"理性经济人"，追求利润最大化、成本最小化，他们希望以最低的价格租到地质肥沃、面积更大的土地。但是高额的市场型交易费用带动了管理型交易费用的提升，严重影响了转入方 B 希望转入土地的积极性。而村委会的介入降低了市场型交易费用，并且通过制定适宜当地农村经济发展的政策，有助于转入方 B 在该地区的深入发展，即 $C_{B中} < C_{Bm}$，$C_{B中} < C_{Bn}$。第二，降低土地的匹配成本。村委会作为中介机构，可以有效地降低土地匹配成本，使土地资源得到重新配置并使其得到有效利用。第三，有效地解决了"敲竹杠"的问题，并且降低了失地风险。当转出方 A 出现事后"敲竹杠"或在合约期内有回收土地的动机和行为时，村委会可以及时对其劝导说服，维护了转入方 B 的合法利益，降低了转入方 B 的失地风险，为今后的继续合作奠定基础。所以转入方 B 选择转入土地的收益大于不转入土地的收益，即 $E_{BC} - C_{B1} - C_{B中} > 0$。

基于以上原因，转入方 B 选择转入土地的直接收益绝对大于选择不转入土地的直接收益，也就是说，对于转入方 B 选择转入土地为最优选择。

从村委会的角度分析。第一，村委会是中介组织，不是转出方或转入方。在流转土地交易中，村委会扮演中介机构的角色，土地产权实施"三权分置"后，土地的承包权依旧归农户，经营权是在农户自愿流转的前提下委托村委会或村委会设立的中介服务机构（合作社或土地银行等）代管，所享有的承包地经营权是合同性质的权利，是具有营利目的的中介服务机构进行融资的基础，而非用益物权性质的权利。第二，降低交易成本。在转出方 A 与转入方 B 的博弈中，村委会的介入降低了转出方 A 和转入方 B 直接交易下可能存在的交易费用，从而村委会作为中介组织参与到流转当中使得原本可能无法达成的交易发生。例如，村委会未介入时，转出方 A 和转入方 B 需要自己承担信息搜寻、谈判决策等成本，高昂的交易成本使得交易可能失败，就形成了（不转出，不转入）的纳什均衡。村委会介入后，很多交易成本由村委会来承担，即使交易双方向村委会交纳了一定的费用，但是也大大降低了交易成本，使得（不转出，不转入）的纳什均衡向（转出，转入）的纳什均衡变化。第三，降低风险性。村委会的介入降低了交易双方的失地风险和契约的不执行风险，提高了双方契约执行的可行性，从而改变转出方 A 和转入方 B 的收益，使不可能成立的交易或博弈均衡向达成交易的博弈均衡转变。基于以上分析发现，村委会不仅维护转出方 A 和转入方 B 的权益不受侵害，提升了政绩、树立了良好的威信，还通过降低交易费用和风险使参与双方原本可能无法达成的交易可能发生了。

由此可知，在政策法规的规定与村约村规的约束下，在道德理念与乡村社会习俗的影响下，村委会作为中介机构承担或降低了土地流转中的交易费用，使得（转出，转入）成为纳什均衡。

5.3　契约形式选择的博弈分析

5.3.1　农户为何普遍选择口头契约

我国绝大多数农村地区仍处于相对封闭的状态，农户间互相熟悉、互相监督逐渐形成了习俗元制度（洪名勇，2013）。习俗既不是出于有时被称作的无意识，也不是出自直觉，更不是出自理性的理解。它们是在文化演进过程中形成的，它们的基础是人类的经验（哈耶克，1988）。人们所遵从的习俗具有道德约束力，道德信仰也是习俗的同一演化过程的产物，从伦理学角度看，道德规范就是伦理原则，所以习俗的本质就是伦理道德的规范；习俗元制度属于一种自发的内在制度，它具有相对稳定性，还具有广泛的群众性和外在强制性，也就是"自发社会秩序"（萨格登，1989）。习俗元制度与市场机制和政府调控一样，如同一只"看不见的手"对人们的选择、生活习惯和经济行为具有调节作用，农村地区更是如此。在村内或邻村之间的土地流转过程中，选择契约的形式既有口头契约也有书面契约，其中以信任和诚信为基础的口头契约占据着重要的地位，已经成为农户间进行土地流转交易的主要方式。信任和诚信是流转交易前的信号机制，也是流转交易后的保障机制，它具有隐形激励的作用，可以实现未来持续的收益流（Fama，1980）。洪名勇（2013，2015）从信任博弈角度构建完全信息动态博弈模型和 Logistic 模型，发现习俗元制度、声誉效应和激励惩罚效应可以促使口头契约的履约率，进而提高了被选择概率。

5.3.2　口头契约与书面契约的博弈分析

5.3.2.1　建立博弈模型的假设条件

假设 5 - 10：两个参与人分别为土地流转交易的转出方 A 和转入方 B（B 为种粮大户、农场主、合作社或农业企业等新型经营主体），参与人双方都是追求利益最大化、风险最小化的理性经济人。由于单户农民承包地面积受限，无法实现规模化土地流转，所以此处的转出方 A 取值为 A∈(1，…，A 户村民)。此处的农地全部参与流转交易且不改变使用性质。

假设 5 - 11：转出方 A 的行动策略分别为（书面契约，口头契约）。转入方 B 的行动策略是（书面契约，口头契约）。

假设 5 - 12：农地流转交易后转出方 A 获得的经济收益为 R(R > 0，参与双方与村委会设立的中介机构协商谈判后的地租、入股分红等)。如果参与双方选择口头契约的形式，转出方 A 面临的失地风险 $C_{A风}$；转入方 B 将面临转出方 A 随时收回土地的风险 $C_{B风}$。由于书面契约具有法律效应，当双方都选择书面契约的时候，风险值均为 0。

假设 5-13：转出方 A 外出打工的收益为 $P_A(P_A>0)$。转入方 B 通过土地流转后的规模化农业经营的收益为 $P_B(P_B>0)$。

假设 5-14：如果转出 A 选择口头契约的形式，则转出方 A 需要支付交易费用 C_{A1}（包括信息搜集与处理、双方谈判以及监督契约执行等费用），不需要支付中介费，此时 $C_{A中}=0$。如果转出方 A 选择书面契约，并且需要中介服务机构帮助协调、监管，转出方 A 支付的中介费为 $C_{A中}(C_{A中}>0)$。

假设 5-15：转入方 B 的信誉度为 X_B（信誉度良好为 X_B，信誉度差为 $-X_B$），如果转入方 B 的信誉度良好，则有利于提升企业形象，属于后期招商引资的无形资本；转出方 A 的信誉度为 X_A（信誉度良好为 X_A，信誉度差为 $-X_A$）。无论是转出方 A 还是转入方 B，欺骗违约行为会受到中介服务机构和受害方的惩罚。

假设 5-16：如果转入方 B 选择口头契约形式，那么需要支付交易费用 C_{B1}（包括信息搜集、信息处理、双方谈判以及监督契约执行等费用），不需要支付中介费，此时 $C_{B中}=0$。如果选择的是书面契约，需要付给中介机构中介费 $C_{B中}(C_{B中}>0)$。

假设 5-17：转入方 B 对转入的土地进行整理规划的成本为 $C_{B2}(C_{B2}>0)$；耕种农地的种子、化肥、农药以及灌溉等农业生产成本为 $C_{B3}(C_{B3}>0)$。

假设 5-18：此处的中介服务机构是由村委会设立的合作社或土地银行等中介机构，以协调和监管参与人双方、同时兼顾营利目的。

参与人双方的收益设定，当转入方 B 选择签订书面契约方式时，转出方 A 选择签订书面契约方式的收益为 $R+P_A+X_A-C_{A中}$；选择口头契约时的收益为 $R+P_A-X_A-(C_{A1}+C_{A风})=0$。转入方 B 选择口头契约方式时，转出方 A 选择书面契约的收益为 $P_A+X_A-(R+C_{A中}+C_{A风})=0$；选择口头契约的收益为 $P_A-X_A-(R+C_{A1}+C_{A风})$。当转出方 A 选择签订书面契约的方式时，转入方 B 选择书面契约方式的收益为 $P_B + X_B - (C_{B中} + C_{B2} + C_{B3} + R)$；选择口头契约的收益为 $P_B + R - X_B - (C_{B1} + C_{B2} + C_{B3}) = 0$。当转出方 A 选择口头契约时，转入方 B 选择书面契约的收益为 $P_B + X_B - (C_{B中} + C_{B2} + C_{B3} + R + C_{B风}) = 0$；选择口头契约的收益为 $P_B + R - X_B - (C_{B1} + C_{B2} + C_{B3} + C_{B风})$。需要注意的是，在参与双方就契约的选择无法达成一致意见时，交易是不成立的，所以当策略集合为（书面契约，口头契约）或（口头契约，书面契约），收益均为 0。

基于上述假设条件，参与双方是同时进行策略选择的，收益的多少取决于博弈双方对策略的选择，博弈模型是不完全信息下的静态博弈，其中转入方 B 在信息、谈判决策等方面占相对优势，转出方 A 处于劣势状态，博弈模型的收益矩阵如表 5-6 所示。

表 5-6　　　　　　　转出方 A 与转入方 B 的博弈矩阵

		转入方 B	
		书面契约	口头契约
转出方 A	书面契约	$(R + P_A + X_A - C_{A中}, \ P_B + X_B - (C_{B中} + C_{B2} + C_{B3} + R))$	$(0, 0)$
	口头契约	$(0, 0)$	$(P_A - X_A - (R + C_{A1} + C_{A风}), \ P_B + R - X_B - (C_{B1} + C_{B2} + C_{B3} + C_{B风}))$

口头契约是一种初期契约形式，不完全程度超过了书面契约。口头契约具有不完全性、不确定性、隐秘性和不可观测性等缺陷，并且缺乏法律保障，风险性较大；书面契约比口头契约更规范、更正式，并且具备可视性、法律法规的保障和约束性等优点。所以，随着农业生产的专业化和市场经济的深入发展，书面契约会逐渐取代口头契约的地位，即适用于当下农业生产的专业化和规模效应为主的流转模式的纳什均衡是（书面契约，书面契约），该均衡成立的条件是 $R + P_A + X_A - C_{A中} > 0$ 和 $P_B + X_B - (C_{B中} + C_{B2} + C_{B3} + R) > 0$。下面分别从转出方 A 和转入方 B 的角度分析这些条件为什么可以成立。

5.3.2.2 博弈的过程分析

1. 从转出方 A 的角度进行分析

在转入方 B 选择签订书面契约的前提下，转出方 A 愿意选择口头契约的形式。第一，由于农村的社会保障制度不完善，转出方 A 对土地的依赖性大，他们希望能够随时收回进行流转交易的土地，以此确认其对土地的承包权和经营权。如此就造成转出方 A 的信誉度损失 $-X_A$，同时一次违约行为还会受到中介服务机构和转入方 B 的经济制裁，这是转出方 A 不愿意面对的。第二，转出方 A 选择口头契约会增加转入方 B 的失地风险 $C_{B风}$，所以，转出方 A 和转入方 B 无法就契约形式达成一致意见，那么双方交易无法进行，土地将不能实现流转。第三，在无法与转入方 B 达成契约的共识以及信誉度受损的情况下，转出方 A 短时间内无法实现土地的顺利流转，劳动力被土地束缚，非农收入减少，长远的经济利益受损。如果转出方 A 还希望通过流转土地实现收益增值，那么将面临包括寻租成本在内的各项市场型交易费用 C_{A1}；转出方 A 处于信息不平等的劣势地位，在交易的过程中需要花费更多的时间和精力，增加了额外的交易费用。即使不具体的核算额外增加的交易费用，此处产生的市场型交易费用也高于中介费，即 $C_{A1} > C_{A中}$。由于转出方 A 是追求利益最大化的理性经济人，使得转出方 A 选择口头契约的直接收益小于选择书面契约的直接收益，即 $R + P_A + X_A - C_{A中} > 0$。

在转入方 B 选择口头契约的前提下，转出方 A 也选择口头契约的形式。虽然交易双方就土地流转的契约方式达成共识，但是转入方 B 不是本村或邻村的村民，不受村约村规的影响，也没有血缘、地缘、家族意识的牵绊，转出方 A 担心经济收益受损、担心因为过度开垦影响土地地力、更担心失去土地，转出方 A 面临的风险系数 $C_{A风}$ 急剧增加。造成转出方 A 宁愿信誉度 X_A 受损也要违约收回土地的现象频发，土地无法长期稳定的实现流转交易。所以转出方 A 选择口头契约的直接收益 $P_A - X_A - (R + C_{A1} + C_{A风})$ 小于选择书面契约的直接收益 $P_A + X_A - (R + C_{A中} + C_{A风}) = 0$，即

$P_A - X_A - (R + C_{A1} + C_{A风}) < 0$。进而推出 $R + P_A + X_A - C_{A中} > P_A + X_A - (R + C_{A中} + C_{A风})$，同样 $R + P_A + X_A - C_{A中} > 0$。

基于以上原因，转出方 A 选择口头契约形式的直接收益绝对小于选择书面契约的直接收益，也就是说对于转出方 A 而言，选择书面契约为最优选择。

2. 从转入方 B 的角度进行分析

在转出方 A 选择签订书面契约的前提下，转入方 B 选择口头契约。第一，书面契约具有法律效用，转出方 A 出现违约收回土地的概率很小，所以转入方 B 面临的失地风险 $C_{B风}$ 较小。口头契约虽然在农村的熟人社会中有较强的约束力，但是在市场化农地流转形式中缺乏法律保障，存在安全隐患且风险性极大；口头契约的不完整性是农地流转后产生纠纷的根源，如果没有健全的仲裁机制对纠纷进行调解仲裁，将会造成流转双方的经济损失和声誉损失。在市场化的土地流转交易中，转入方 B 若想从众多竞争对手中脱颖而出，需要具备良好的信誉度，这属于无形资产，是未来承租更多土地或增加招商引资的"资金"和砝码；有利于增加规模化效益。如果信誉度很差（$-X$），一次违约欺骗行为只能获得暂时的额外经济收入，随之而来的却是中介机构和转出方 A 的惩罚，这种奖惩机制严重制约着转入方 B 今后的发展和更大的经济利益。第二，如果转入方 B 不选择与村委会建立的中介服务机构合作，而是准备与农户直接达成流转交易，那么转入方 B 首先面临的是信息搜集、筛选、双方谈判以及监督契约执行等方面的交易成本 C_{B1}，交易费用增加并且绝对高于支付给中介机构的中介费。同时，转入方 B 进行土地流转主要是为了发挥农业生产的规模化经济效益，提升农业各要素生产率，与单个农户进行土地流转交易显然无法实现规模化生产经营，与多个农户个体的交易将花费更多的人力、资本和时间，增加了交易费用，并且还要预防农户出现"敲竹杠"的现象。所以转入方 B 选择口头契约的直接收益小于选择书面契约的直接收益，即 $P_B + X_B - (C_{B中} + C_{B2} + C_{B3} + R) > 0$。

在转出方 A 选择口头契约的前提下，转入方 B 也选择口头契约。转入方 B 担心转出方 A 会随时收回土地造成严重的经济损失,转入方 B 面临的风险系数 $C_{B风}$ 增加,转入方 B 为了追求利益最大化、降低预期的经济损失,会减少生产成本的投入和现代设备的投资,降低对转入土地的整理成本,这影响了农业生产的专业化,制约了农地规模化的经营效益。所以转入方 B 选择口头契约形式的直接收益小于选择书面契约的直接收益,即 $P_B + R - X_B - (C_{B1} + C_{B2} + C_{B3} + C_{B风}) < 0$;对于转入方 B 而言,选择书面契约为最优选择,并且安全性最高、风险性最小,所以书面契约的直接收益绝对优于口头契约的直接收益,进而推出 $P_B + X_B - (C_{B中} + C_{B2} + C_{B3} + R) > 0$。

3. 从村委会介入的中介服务机构的角度进行分析

中介服务机构是以营利为目的,所以中介费 $C_{A中} \neq 0$,$C_{B中} \neq 0$。农地市场存在很高的交易费用,而政府部门组织的土地整理项目中,交易成本相对较低(Binswanger, Deininger and Feder, 1995),合作社和土地银行等中介机构可以妥善的处理交易双方供求信息不平等、谈判能力强弱不均衡以及监督管理契约执行力度不均衡的问题,在无形中保护了转出方 A 的利益并会努力将风险降到最低,以确保村委会的经济利益以及良好政绩。同样,合作社与土地银行是以营利为目的的中介服务机构,可能不会减免转出方 A 的中介费,但因为是在当地政府或村委会设立并登记注册的,服务机构内的工作人员多是附近村镇的农民,既得利益基本一致,所以会在无形中偏向于转出方 A;为了中介机构的正常运营,他们会收取交易双方的中介费或转入方 B 给予的一部分合作剩余。

基于以上原因,在转出方 A 和转入方 B 进行土地流转时都采用有法律保护的书面契约的条件下,降低了转出方和转入方的交易费用,口头契约向书面契约的转变,提高了土地流转发生的可能性,参与双方都选择书面契约成为纳什均衡。

5.4 本章小结

影响土地流转模式选择的因素有很多,本章通过对三组博弈模型的博弈过程和结果进行分析发现，土地流转后的经济收益越高，农户愿意流转土地的概率越大；高级阶段的土地流转模式更能实现农户流转土地的初衷、提高农民的生活水平，还有助于带动当地综合经济的发展，为农户提供更稳定的非农就业，农户的非农收入和非农就业率越稳定，对土地的依赖性越小，但是高级阶段的土地流转模式的社会化程度较高，单户农户与新型经营主体进行土地流转的交易中，交易费用很高风险性也很大，交易发生的可能性很低。

所以应在政策法规的规定与村约村规的约束下、在道德理念与乡村社会习俗的影响下将村委会作为中介机构引入土地流转的交易，由村委会承担或降低流转交易中的交易费用，使得有可能无法达成的交易达成，增加了交易行为的可行性。而口头契约向书面契约的转变降低了交易双方的失地风险，也提高了流转发生的可能性。

经济社会的快速持续发展和城乡一体化的进程为农村剩余劳动力提供了大量的就业机会，农户兼业化的日益普遍为农村土地流转提供了客观条件。农户间初级阶段的土地流转模式和口头契约形式降低了土地的利用率、农业劳动效益和生产效率，农业绩效增长缓慢。具有法律保障的书面契约和合作社、土地银行等高级土地流转模式，不仅有利于农户家庭内部的分工优化配置，实现家庭收益最大化，还有利于规模化、专业化农业经营的实现，解决了农地分割细碎化问题。书面契约有着诸多的优点，书面契约取代口头契约也只是时间的问题。

第6章

案例实证：以滕州模式和东平土地入股合作社模式为案例

农村土地通过流转释放了大量的农村剩余劳动力，为农民增收致富提供了有效的途径，农村土地通过流转成就了大批的种粮大户、农场主、合作社和农业企业等新型经营主体的发展，为农业的适度规模化经营提供了可能。在国家政策的引导下，各农村地区通过对土地流转的实践，逐渐形成了各具特色的流转模式。本章通过对"滕州模式"和"东平土地入股合作社模式"的对比分析，发现两种模式都具备土地流转交易平台，降低了交易成本、增强了契约的可执行力度。但是，"滕州模式"农民的风险性较小，收益也较少；"东平土地入股合作社模式"农民收益的多少与企业经营绩效有直接关系，但承担的隐性风险较高。

6.1 滕州模式分析

6.1.1 基本情况

西岗镇位于山东省滕州市的西南部，地处湖滨平原，地势平坦土质肥沃，气候温和，雨量充沛，是滕州市小麦玉米等粮食主产区之一，是国家商品粮生产基地、优质蔬菜基地、"中国马铃薯之乡"。镇域面积 11.97 万亩（79.8 平方千米），2015 年全镇 72 个行政村总人口为 13.1 万人，农业人口为 7 万人，耕地面积为 6.3 万亩（42 平方千米），人均耕地面积较低。西岗镇是枣庄市的工业强镇①，工业门类齐全，非农产业十分发达，2008 年西岗镇各类企业 440 余家，实现地区生产总值 31 亿元，地方财政收入 1.32 亿元，人均纯收入 7402 元；2011 年实现地区生产总值 53.13 亿元，地方财政收入 2.85 亿元，人均纯收入 10710 元；2014 年前三季度，全镇实现生产总值 56 亿元，完成地方财政收入 4.3 亿元，农民人均纯收入 1.35 万元（《滕州统计年鉴》，2008，2011，2014）。

西岗镇是鲁南煤化工基地核心区之一，二三产业比较发达，为当地农民提供了大量的就业机会，劳动力资源呈现出明显的分化趋势，大量青壮劳动力到矿区或企业工作，非农收入较高，农民的种粮积极性不高，农地撂荒现象严重，当地农民对土地的依赖程度较弱，进行土地流转的意识逐渐形成；伴随农业产业化的发展，种粮大户、家庭农场主或农业企业掌握高效的农业种植技术，并且拥有丰富的资金支持，希望能够耕种更多的土地，但是却找不到初具规模化的连片耕地，供求严重失衡。同时，农民间私下进行的农地流转交易，既不规范又缺乏有效的监管和保护，频繁发生的土地纠纷和矛盾影响了社会的长治久安。为此，西岗镇政府于 2006 年创建了由镇经管站负责的全国首家农村土地流转"有形市场"，开创了市场化土地集约利用的先例；逐渐形成依托发达的工业和服务业促进带动农业发展和农地流转，属于典型以二三产业为依托，借助政府措施带动农村土地流转的市场化运作模式。②

通过政府政策激励、市场有序引导等方式，西岗镇农村土地流转交易中心这种新土地流转模式在依法、有序、合理流转的运行中，逐渐形成了

---

① 滕州市是山东省枣庄市下辖的一个县级市，1989 年由滕县更名为滕州市。

② 资料来源：西岗镇 [EB/OL]. http://baike.baidu.com/link?url=x9gTyTkGviNayY8WZuYsAUn0O5l8BbBuwSiJW9hWGc0lVjwQZIuCpQJpENlfy_q6jgpfesMDIv_asZhSjterxCjzSi3FY0wLqN0JP5uiJwK.

土地流转的"滕州模式","滕州模式"的市场化运作具体概括就是"一个平台、完善四项机制、坚持四项原则"（王忠林，2008）。新模式有效推进了当地农村土地适度规模化经营，实现了农民土地和劳动力资本的双重收益。山东省农业部门和省农业部通过考察该市农村土地流转制度的革新和发展，认为此"有形市场"是土地流转模式创新的一个成功试验。截至 2014 年底，西岗镇累计流转土地 3.62 万亩，占全镇土地总面积的57%，12 个村的承包地实现了整建制流转。① 近几年，"滕州模式"更是受到国家、省市领导与专家学者的充分肯定。

6.1.2 运营机制

6.1.2.1 一个平台

2008 年 6 月，西岗镇土地流转服务中心正式投入运营，这标志着滕州市、镇、村农地流转管理实现三级信息服务网络化和现代化（王忠林，2011）。西岗镇土地流转服务中心开设了流转交易服务窗口（土地流转信息联络窗口、收益评估窗口、合同鉴定窗口、档案管理窗口）与纠纷调解厅，配备专业人员、制定服务流程和工作制度，健全交易体系。具体交易程序为：第一，土地的转出方提出流转土地的申请，注明转出土地的原因、期限与形式。第二，村土地流转服务站将土地转出申请上报服务中心审核，符合条件规定的允许进行流转交易，不符合规定的给予说明。第三，服务中心统一组织交易合约的签订与签证，并进行归档管理，加强流转交易与规模经营的指导、服务与监管，而且流转交易过程中产生的全部费用均由西岗镇财政负担（魏好勇，2007）。

---

① 资料来源：滕州市西岗镇"一城、一园、一港"发展纪实 [EB/OL]. http：//www. fzsdzk. com/guonei/shehui/sannonghuanbao/2014 - 01 - 14/18544. html，2014 - 01 - 14.

6.1.2.2 四项机制

1. 信息服务机制

西岗镇农地流转制度的运行依托市、镇、村三级土地流转信息服务网络，市级服务中心依托滕州市经管局，负责镇域间的供求信息、指导镇街道的土地流转工作。镇级服务中心依托镇经管站，负责法律政策咨询、信息登记发布与价格评估等。村级设立了信息联络员，负责采集、上报与登记土地流转供求信息。本着公平、公正、公开原则建立的市、镇两级农地流转信息库对全市农地流转信息进行统一管理和公开，并通过交易大厅的电子显示屏和专业网站随时向民众发布更新的信息。

2. 规范管理机制

土地只流转经营权且不允许改变土地原有用途，流转价格实行公开招标，交易大厅配备专业的收益评估员仅提供服务和保障措施，不收取费用。可以说西岗镇土地流转服务中心只具备见证、服务与规范的作用，其实质就是地方政府依靠现有机构提供的免费服务中介（戴伟娟，2011）。重点把好四关：流转的"准入关"、供求的"交易关"、合同的"签订关"、资料的"归档关"（王忠林，2008）。

3. 纠纷调解机制

为了确保交易双方利益不受侵犯、杜绝流转纠纷，首先，在滕州市经管局设立仲裁厅与纠纷仲裁委员会，在镇、街道设立调解庭与纠纷调解委员会，在村内设立纠纷小组；形成市、镇、村三级土地流转纠纷调解机制，及时对已发生的流转纠纷进行调解，以此维护市场的正常秩序。其次，实行严格的市场把关机制，对申请流转的土地实行严格的登记、审查、归档，建立土地流转档案管理制度，实行档案规范化的管理机制，从源头上避免了事后不必要的纠纷。（王忠林，2011）

4. 组织领导机制

滕州市成立了市、镇、村三级工作领导小组和组织机构；为了确保土地流转模式的顺利推进，从2007年起，市财政、各镇街每年都在预算中列支专项资金，2010 年滕州市财政规定，每年列支 300 万元作为奖励通过流转土地实现规模经营的交易双方的专项资金（戴伟娟，2011）。2010 年滕州市先后出台了《滕州市推进农村土地适度规模经营的扶持政策》《滕州市农村土地使用产权制度改革试点合作社审计办法》等文件，提高农户进行流转的积极性，激励农地有序化规模化的流转交易。

6.1.2.3　四项原则

1. 不改变土地集体所有制原则

始终坚持集体所有权不能变、耕地红线不能动，慎重稳妥地推进农村土地流转，通过政策宣传消除农民的认识"误区"，让农民知道进行流转交易的是承包地的经营权，而非永远失去土地。

2. 不损害农民土地承包权益原则

土地流转以农民意愿为主，切实遵循依法、自愿、有偿的原则，各级政府部门不得进行强迫或政策施压。

3. 不改变土地农业用途原则

严格坚守 18 亿亩耕地红线不动摇、始终坚持土地农业用途不改变的政策，保护基本农田，坚守土地流转底线。流转期限一般在 5~7 年左右；流转形式为转包、出租和互换三种，以初级阶段的流转模式为主。

4. 因地制宜、因势利导原则

坚持从农民需要及当地客观实际出发，引导农民有序规范地进行土地流转。

6.1.2.4　发展趋势及成效

发达的二三产业为农村剩余劳动力的转移提供了多项渠道；完善的信息服务机制、规范的管理机制以及纠纷调解机制都有助于西岗镇土地流转交易的稳妥顺利实施；土地流转区域与范围的扩大、新流转模式的有序规范也在无形中促进了西岗镇土地规模化的流转经营。逐渐形成流转规模扩大化、经营主体多元化、范围广泛化、模式多样化的发展趋势（见表 6-1）。

表6－1　　　　2005～2010年滕州市农地流转面积分类统计　　　单位：亩

项目	2005年	2006年	2007年	2008年	2009年	2010年
土地流转总面积	5000	7000	10000	8000	9000	16000
流入龙头企业的土地面积	328	580	1200	825	870	1214
流入合作经济组织的土地面积	1578	2805	3705	2577	3029	5633
跨村流转土地面积	423	920	2505	2352	3130	3947
跨乡镇流转土地面积	167	350	663	530	513	906
流转期限5～10年的土地面积	3813	4420	6650	5762	6211	9907
流转期限10年以上的土地面积	1187	2580	3350	2238	2789	6093

资料来源：王忠林．我国农村集体土地流转制度研究：基于对山东省滕州市农村集体土地流转制度改革的考察［M］.青岛：中国海洋大学出版社，2011：85.

滕州市西岗镇土地流转模式的创新，在严格坚持一个平台、完善四项机制、坚持四项原则的基础上，逐步实现了从无序到有序、从自发到规范、从政策指导到市场运作的转变。通过对农村土地的流转交易，改变了单户农户分散经营的状况，推动了土地规模化经营，提高了土地的生产能力（见表6－2）；通过对农业产业结构调整，逐渐形成了产供销一体化的生态农产业链；流转后的土地实现了供求双方互利双赢的局面，增加了农民的经济收益（王忠林，2008）。

表6－2　　　　　　2003～2009年滕州市粮食产量　　　单位：吨

项目		2003年	2004年	2005年	2006年	2007年	2008年	2009年
小麦	总产量	216610	200697	376377	388549	328887	396466	399157
	单产	433	453	458	473	396	476	489
玉米	总产量	218062	345870	361714	387843	374019	381349	384639
	单产	414	501	505	541	523	513	498
其他粮食作物产量		34919	36943	38240	46054	42414	35961	32301
粮食总产量		469591	583510	776331	822446	745320	813776	816496

资料来源：王忠林．我国农村集体土地流转制度研究：基于对山东省滕州市农村集体土地流转制度改革的考察［M］.青岛：中国海洋大学出版社，2011：102.

6.1.3　案例分析

西岗镇农村土地流转交易中心是非营利性的免费中介机构,在未成立之前,农民间私下进行土地流转交易,没有规范性契约的约束,存在纠纷隐患,但是农民又不愿意与种粮大户、家庭农场或农业企业等新型经营主体进行流转交易,担心失去土地或发生掠夺性开垦的风险,还要支付较高的交易成本。新型经营主体也不愿意挨家挨户地与农民进行协调谈判:一是要花费很高的人力、财力;二是担心农民"敲竹杠"。所以在没有引进中介机构之前,农户与新型经营主体之间就流转土地问题实现的交易几乎为零。

西岗镇在引入农村土地流转交易中心后,通过降低农户与种粮大户、家庭农场或农业企业等新型经营主体之间的交易费用,使得原本不可能实现的交易变成可能,而且还引入了正式书面契约,降低了失地、掠夺式开垦以及违约的风险,提高了土地流转交易成功的概率。

6.1.3.1　降低了政府承担的管理型交易费用和政治型交易费用

西岗镇农村土地流转交易中心是农村土地流转市场平台,是由当地政府依托现有机构提供信息联络、收益评估、签订合同、协调纠纷、流转记录等功能的免费中介服务组织,交易双方产生的所有费用都由政府买单。并且交易中心的内部运营、人员管理、信息更新、档案维护等开支也归政府买单,表面上看是政府支付了一切费用,增加了政府承担的管理型交易费用和政治型交易费用。依据成本—收益法发现,免费的流转中介组织降低了政府承担的管理型交易费用和政治型交易费用,土地流转交易的规模越大,产生规模经济的概率越大,交易费用也随之降低。

第一,政府承担中介机构的一切开支,降低了交易双方承担的成本,促进了土地流转的顺利交易。流转交易的土地越多,当地农业经营的规模化程度越高,农业总体水平的提升也就越快。土地生产率与成本产值率以及规模化经济效益均得以提升,从而降低了政治型交易成本。

第二，交易中心的一切工作业务均依托现有机构，组织管理机制、流转交易服务机制相对完善。其中的一部分管理型交易费用由所依托的机构支付，另外一部分费用由当地政府部门承担，当交易中心的工作流程步入正轨实现有序规范化时，相对应的管理型交易费用逐渐降低，属于典型的前期大投资后期高回报的模式。并且交易中心的运营实施有效地提升了所依托机构和政府部门的政绩以及在民众心中的威信度，无形的"资产"积累有助于今后政府工作的开展和实施，政治型交易费用也随之降低。

第三，交易中心的纠纷调解仲裁机制有效地减少了土地流转纠纷的发生，稳定规范的流转市场和可行性较高的签约模式也降低了纠纷发生的概率，纠纷的减少带来调解或仲裁费用的降低，运用较少的成本既获得长远收益，同时还维护了社会的稳定。

6.1.3.2 降低了交易双方承担的市场型交易费用

西岗镇农村土地流转交易中心依照公开、公平、公正的原则慎重稳妥地推进农村土地流转的同时，通过规范的交易流程做好供求信息的把关工作。其中"准入关""交易关"以及"签订关"最大化地降低了市场型交易费用，加大了交易的可行性。

第一，西岗镇土地流转交易中心交易大厅内的电子显示屏，可以将审核合格的镇域内的土地供求信息以及转入方和转出方对流转土地的具体要求及时、准确、全面的传递出来，实现了供求信息的公开化、透明化，有效地解决了信息不对称的问题，降低了交易双方的信息搜集与处理成本。公开化、透明化的土地流转信息服务网络减少了信息的不对称，增强了农户的谈判信心和决策意愿，促进了潜在交易的实现。

第二，交易中心内有专业人员对申请流转的土地实行严格把关审查，从源头降低了虚假信息流入交易市场，并且交易中心内设立的收益评估员、合同鉴证员、政策法规咨询员等专职人员，都在交易双方在谈判决策以及签订合约时提供帮助，降低了交易双方的谈判决策成本。

第三，西岗镇土地流转交易中心具备完善的组织管理机制、流转交易服务机制和纠纷调解仲裁机制，通过实现统一发布信息、统一咨询现场交易、统一签订合同共同监督执行等措施，促使当地土地流转机制步入公开化、秩序化、便捷化的轨道。有效地降低了交易费用和合约的不执行风险，同时，还降低了农民的失地风险和土地使用性质变更的风险，增加了交易的可行性和交易双方契约执行的可行性。

6.1.3.3　降低了土地置换的匹配成本

第一，交易中心的运行是依托市、镇、村农地流转管理实现三级信息服务的网络化和现代化，最大限度地收集、审核、记录管辖地域内有流转交易需求的土地信息，形成了大规模的土地储备量，有效地降低了无效交易的频率和土地置换频率，间接降低了土地的匹配成本。

第二，交易双方可以通过交易中心提供的供求信息，在中心工作人员的监督管理下进行土地资源的信息匹配，或根据交易中心公示的土地流转信息自行寻租。大范围、大储备量、公开透明化的土地流转供求信息，满足了交易双方对土地流转的各项要求，有助于土地资源连片集中化的流转交易，降低了土地置换的匹配成本。

6.1.3.4　提高了契约执行的可行性

第一，交易中心实现了统一发布信息、咨询交易以及监管契约执行力度等措施，规范化的流转程序和行政监督下的契约执行力度，大大降低了农民的失地风险和使用性质变更风险。

第二，在政府部门的严格监管和相关司法体系的良性运营下，有效的推进书面契约的执行力度，土地的转入方也不会出现掠夺式开发土地的现象，在交易费用降低和契约执行力度提高的同时，促成了潜在的流转交易。

第三，交易中心的档案管理制度、土地使用产权证的发放以及统一的签订合约政策，既实现了土地经营权的资本化，又避免了农地使用性质被变更的风险。截至2009年底，全市签订土地流转合同共3650份，流转面积10.8万亩，占全市耕地面积的9.4%，流转后每亩耕地增收810元（王忠林，2011）。

6.1.3.5　依赖经济环境实现了农民土地和劳动力资本的双收益

第一，西岗镇农地流转制度改革的主要目的是为了实现农业生产经营的集中化，是农户在较强农地流转意愿的前提下，政府部门适时的给予政策支持并建立有效率的流转机制（王忠林，2011），土地变成农民的"资本"实现了稳定获利。

第二，通畅的流转交易渠道降低了交易双方的交易成本，加快了农业从散户的传统农业向现代化农业的转变。一方面，解放了农村劳动力，实现土地、劳动力的双收入；另一方面，土地资源的中心配置，催生了种粮大户和家庭农场等新型专业农民，土地的规模经营实现了规模效益，增加了种粮大户和家庭农场主的农业收益。

第三，西岗镇发达的二三产业更是为该镇剩余劳动力提供了充足的就业机会，门类齐全发展迅速的工业和乡镇企业，可以充分吸纳该镇的农业剩余劳动力，同时也降低了农民的非农失业率。用工业谋划农业发展，增加就业机会、稳定就业率，以此间接推动农村土地的流转交易，增强了农业规模效益和增值效益的实现。

6.2　东平土地入股合作社模式分析

6.2.1　基本情况

东平县是位于山东省西南平原北部的农业大县，西临黄河，东望泰山，地势北高南低、东高西低，山区、平原、湖洼各占1/3，受季风影响属温带季风型大陆性气候；县域总面积为1343平方千米（201.45万亩），辖14个乡镇（街道），716个村（社区）①；县域内有77.05万人，非农业人口为

---

① 资料来源：山东省东平县人民政府门户网，http://www.dongping.gov.cn/.

17.51 万人，占总人口数的 22.73%，城镇化率低。东平县是全国粮油商品生产基地，耕地面积 91.72 万亩，家庭承包地面积 88.22 万亩，人均耕地面积约 1.41 亩，东平农业生产的主体仍然是小农经营，经营分散、规模有限、土地利用率低以及农业生产效率低是东平县农业发展的显著特点，同时也是中国广大农村地区普遍存在的现状（徐勇、邓大才、赵德建等，2015）。

东平县经济发展水平很低，长期处于下游水平，经济发展后劲不足，乡村管理能力落后等都是东平县最突出的发展状况，例如，东平县辖下村的村级运转经费中 60% 来自农村税费改革财政转移支付等政府财政用于村级运转的资金，但是农业税的取消直接削弱了经费来源，716 个村（社区）中无土地、无资源、无产业的"三无"村大约有 80%；2011 年东平县村级集体经济管理费用为 2723.56 万元，平均每村约 3.8 万元；村级集体公益事业支出 1434.32 万元，平均每村约 2 万元；村级集体经济收入实现 50 万元以上相对富裕的村只有 15 个，占全县的 2.1%，其中 21.4% 的村经济收入在 3 万元以下，还有 38.5% 的村没有集体收入（见表 6 – 3），是名副其实的穷县，"农民没钱，村里缺钱"成为东平县最大的特点（徐勇、邓大才、赵德建等，2015）。

表 6 – 3　　　　　　　2011 年东平县下辖村委会收入占比情况

项目	没有集体收入	3 万元以下	3 万~5 万元	5 万~10 万元	10 万~20 万元	20 万~50 万元	50 万元以上
行政村占比（%）	38.5	21.4	7.8	15.4	8.2	6.6	2.1

资料来源：根据徐勇主编，邓大才，赵德建，胡平江，万磊等著. 东平崛起：土地股份合作中的现代集体经济成长［M］. 北京：中国社会科学出版社，2015：24 整理所得。

农业基础薄弱、农村公共设施建设滞后、农民生活水平很低、整体经济不发达，东平县农村改革已经到了"等不起、坐不住、慢不得、拖不了"的关键时刻，从"困境中寻求突破"，在"逆境中追求崛起"成为东平县探索农村土地改革与创新的支撑，以土地产权改革为突破口，通过激活土地的增值效益、充分利用土地资源，发挥乡村内土地资源的优势为东平县土地改革与创新提供了动力和契机。在此背景下，东平县最终决定成立土地股份合作社带动当地农村经济的发展和改革，将农民的土地承包权由静态物权转变为可供集体经济扩大再生产的生产资料，并且实施因地而创新的股份合作社模式（徐勇、邓大才、赵德建等，2015）。

6.2.2　运营机制

6.2.2.1　一个平台

东平县以土地股份合作社为平台与市场对接，实现了经营权转变为股权的土地增值收益；实现了村委会和农户收益的同步增长；实现了现代化农业带来的高额收益和规模效益；提高了抵抗市场和自然风险的能力。2012年10月东平县接山镇后口头村炬祥土地股份合作社成立，这是泰安市首家土地股份合作社，自此拉开了东平县土地流转改革的序幕。截至2013年，东平县共建成土地股份合作社45家，入社农户6880户，入股土地36863亩①。随后东平县依据各个村不同的资源禀赋、产业基础和发展经营将其具体细分为四类：农民合作型土地股份合作社、资本融合型土地股份合作社、政府引导型土地股份合作社、能人带动型土地股份合作社。2014年1月泰安市第一家县级农村产权交易所正式挂牌成立——东平县农村综合产权交易所，实现了信息咨询、产权经纪、产权融资、委托管理以及交易策划等相关配套服务措施，逐步构建起完善的农村土地产权交易市场和县、乡、村三级服务网络体系。②

针对土地股份合作社的发展，当地政府部门提出了"三不""四权"

---

① 资料来源：东平土地入股引关注 专家：集体经济并非走投无路 [EB/OL]. http：//sd. ifeng. com/news/fengguanqilu/detail_2014_10/01/2975937_0. shtml，2014 - 10 - 01.

② 资料来源：山东首家县级农村产权交易所东平成立 [EB/OL]. http：//sd. dzwww. com/sdn ews/201401/t20140104_9464855. htm，2014 - 01 - 04.

的原则：土地流转不改变土地性质、不改变土地用途、不损害农民土地经营权；坚持集体土地所有权、保障农户土地承包经营权、放开放活承包土地使用权、稳步扩大农民土地收益权（徐勇、邓大才、赵德建等，2015）。

6.2.2.2 五项机制

东平县土地股份合作社以合作机制、管理机制、协调机制、分配机制、发展机制为主，通过激活农村集体经济内源动力，实现了传统集体经济向现代集体经济的转型。

1. 合作机制

东平县以土地资源为基础强化与其他生产要素的合作，通过市场引入的方式将技术、资金、管理等要素注入合作社，避免了土地或劳动力等单一要素的简单联合，充分发挥市场对资源的协调作用，提高土地生产经营的整体效益，实现生产要素组合的现代化转型；以开发项目为依托，实现政府与农民的良性互动合作机制，增强了农民的合作能力，达到农民与村委会的共赢；积极地发展第三产业和农业产业，为土地股份合作社的发展奠定了物质基础。

2. 管理机制

东平县土地股份合作社是在农民自愿的基础上建立起来的，为了确保其独立性，合作社实行股民自主管理，既保护了农民的参与权，调动了农民的积极性，又降低了"搭便车"的现象。合作管理与委托管理相结合的方式，有效地避免村委会对土地股份合作社的过分干涉，或因为村委会的施压造成民众话语权的压制和经济利益的损失。合作社通过发挥资源集聚效应，减少了资源的内耗，实现了人、财、物的重新组合和资源的优化配置。

3. 协调机制

东平县土地股份合作社成立了"村社、政社、民社"的协调机制，有效地避免了政社关系难分的状况，形成了"政府有效引导、村社融洽共处、民社关系和谐"的局面，为土地股份合作社的探索与创新提供了良好的社会环境。并且合作社积极利用土地归集体所有的特点，实现集体土地入股、村委会协助管理服务等方式实现相应收益分红，既强化了农民的集体观念，又实现了村、民共同发展的新局面。

4. 分配机制

收益共享是东平县土地股份合作社创新的根本，本着"公平、共享、平稳、激励"的原则，保护参与主体的利益，激发共生活力。通过设立保障基本收益、收益按股分红以及规避风险保障，建立了"保底金 + 年底分红 + 风险抵御金"的弹性收益分配机制，让农民获得基本保底租金的同时，又根据土地股份合作社的实际运营分享到土地的增值收益。通过构建持续收益的阶梯激励机制，将社员的个人利益与合作社的运营效益相联系，通过目标利润激励、超额利润激励以及阶差收益激励，在不同层次扩容共生利益，以多层激励机制增量共生效益，促进农民生产劳动的积极性。

5. 发展机制

东平县土地股份合作社从前以从事农业生产为主，利润低、风险大，为了破除生产规模小的状况、同时为了增强规避风险的能力、提升农地效益，合作社建立了"产业、园区、品牌"三位一体化的发展机制，实现产供销链条式的农业产业化发展体系，提升产品价值；发展边角经济，通过高效示范园区的集聚效应，开发资源内外部经营效益，推动合作社发展特色农业和高效农业。

6.2.2.3 发展现状及成效

土地资源通过整合实现了连片规模化经营，降低了生产成本，提高了耕地利用率和农用机械设备的应用。合作社在发展过程中形成的平等收益分配机制，使农民获得基本保证金的同时又可以根据实际经营情况获得风险保障金，并且在合作社打工的农民还可以获得劳动报酬，实现了土地增值和发展效益的双赢。以合作社为载体实现政策性投入的有效落实，推动政策投入的持续生效；充分借助外部市场力量，通过合作社与外来资本的合作，引入外来资金，逐渐形成紧密型利益联盟机制；实现了政府与市场的有效合作（见表 6 - 4）（徐勇、邓大才、赵德建等，2015）。

表6－4　东平县合作社的发展现状及成效对比

名称	类型	整合土地面积	农户土地产权及入股	集体土地产权及入股	政府资金引入	产业资本进入	农民收入	集体收入
南堂子村最美乡村土地股份合作社	农民合作型土地股份合作社	入股1200亩	按人口将人股土地均分为1453股，1人1股	集体土地不计入股份	经济项目投资	—	①保底金每人每股200元，依据经营情况分红；②资金股按股分红，无保底金；③合作社劳动收入	按股分红，无保底金
西沟流村土地股份合作社	资本融入型土地股份合作社	入股1700亩	以土地承包经营权入股，1亩1股	以集体土地经营权入股，1亩1股	—	以土地与外来资本合作，实现生产要素的优化组合和优势互补	①保底金每人每股700元，经营情况的二次分红；②合作社劳动收入	①盈利：入股土地分红，合作社管理费；②未盈利：外来资本支付运转费
孟庄村润农土地股份合作社	政府引导型土地股份合作社	入股320亩	确权确股不确地，入股面积耕地0.529亩/人	—	以合作社为载体使政府政策性投入有效落实，政府投入变为一种投资，滚动发展，持续生效	借助农业产业化实现资金的保值增值和资金的再生产	①保底金每人每股1100元，年终分红；②合作社劳动收入	①合作社收取1300元/亩的大棚租金，按照11个村入股金额分红；②合作社从大户销售农产品提取5分/斤服务费，按照合作社和农民各50%的分成机制进行分配
周林村土地股份合作社	能人带动型土地股份合作社	入股532亩	以土地承包经营权入股，1亩1股	集体土地入股，1亩1股	整合政府的产业扶持、移民补助等惠农资金	经济能人发起带动，借助市场力量，独立进行经营活动	①保底金每亩1000元/亩，年终按分红所占股份进行分配；②合作社劳动收入	发电厂收入，加工厂租金、入股土地分红，预计17万元/年

资料来源：根据徐勇主编、邓大才、赵德健、胡平江、万磊等著．东平崛起：土地股份合作中的现代集体经济成长［M］．北京：中国社会科学出版社，2015：42－68整理所得。

6.2.3　案例分析

东平县经济发展水平很低且发展后劲不足，"农民没钱，村里缺钱"几乎是东平县早期的代名词。土地对于东平县的农民而言就是最基本的生活保障，他们不愿意也不能流转出自己的土地，更没有自觉流转土地的意识。为此，他们不理解国家土地承包经营权流转政策和土地流转的常识。农民没有流转土地的意愿，县域内经济发展落后，农民收入很低，2011年东平县有38.5%的村没有集体收入（见表6-3）。

东平县有丰富的土地资源且土壤肥沃，但是缺乏行之有效的发展项目和丰厚的外来资金；很多外省份的种粮大户、家庭农场或农业企业等新型经营主体有投资农业的意愿和资金实力，但是找不到规模化的土地；2012年东平县第一家土地股份合作社的成立，成功地打破了这一僵局。土地股份合作社作为中介机构介入农民与新型经营主体、村委会以及新型经营主体之间，通过降低交易双方的交易费用，使得原本无法实现的交易变得可行，正式书面契约的引入，降低了失地风险和违约风险，提高了流转交易的可行性。不仅实现了土地的增值收益和规模效益，还实现了农民与村委会收益的同步增长。

6.2.3.1　降低了政府承担的管理型交易费用和政治型交易费用

1. 从村委会的视角分析

第一，提升政绩和信誉度。以合作社为交易平台，实现了企业与土地的有效对接，同时也盘活了村里的闲散土地，村委会以集体土地经营权入股的模式，给闲散土地注入活力，并且获得了合法、长久的项目支持。在合作社的引导带动下，村委会内的管理体制也随之发生改变，服务能力和监管能力的提升，有效地树立了村委会的威信度，提升了村委会的政绩，而新资金的注入更是带动了村委会的综合发展。

第二，实现获利，降低了对政策资金的依赖。随着农业规模化效益的提升，很多城镇企业有投资农业的意向和经济实力，但是无法找到适宜的规模化的土地，而东平县正好有充足且肥沃的土地资源，却没有风险较低获利较高的稳健持续性项目和资金。土地股份合作社正好起到了化解此矛盾的作用，以土地股份合作社为交易中介，实现了城镇企业与农民土地资源的有效对接，并通过合作社运营和协调达到双方平等交换、利益共享、风险共担的目的，既维护了农民的合法权利，又实现了农民、企业、合作社三方共赢的局面。合作社通过引进外来企业和资金，改变了过去村委会没钱、缺钱、没项目、没资金无法发展的局面，降低了村委会的管理型交易费用和政治型交易费用。

2. 从东平县的整体发展视角分析

合作社的建立通过外来资金和项目的引进，实现了工业反哺农业，农业拉动工业的发展，村委会实现了效益增收，降低了政府对村委会的财政补贴的依赖，在区域内实现经济规模发展和现代化农业产业发展，推进了东平县的整体发展趋势，降低了东平县政府的管理型交易费用和政治型交易费用。

6.2.3.2　降低了交易双方的市场型交易费用

东平县以土地股份合作社为平台，为土地的流转交易提供了交易场所、信息资源以及组织交易等服务，降低了交易双方的交易成本。土地的产权关系直接影响到农民权益和农业发展，东平县采用确权确地和确权确股不确地的方式，以激活经营权为目的，创新土地产权制度。通过土地的确权稳定农民的承包权，农民将承包经营权折价入股，促进了经营权的适度集中，土地合作社采用政府支持、外资引入、多层激励机制扩容共生利益以及平等化分享收益等方式，激活了土地的经营权，实现了合作经营、规模经营及农业经营的现代化，提升了农地效益和农产品价值，降低了生产成本和交易费用。

6.2.3.3　降低了土地匹配成本

合作社成功地将分散细碎的农地和闲散的土地进行整合，使地块由

"多"变"少"，由"小"变"大"；使土地由"分散"变"集中"，集中后的土地形成大量的土地储备，为今后农业产业园区、家庭农场、家庭农庄等规模化农业的发展降低了土地资源的匹配成本，同时也为延长农业产业链条、发展土地的边角经济①等创造了条件。

6.2.3.4　提高了契约执行的可行性

土地确权入股是合作社发展的核心要素，通过对土地产权的确权、分权、活权、护权，实现了以土地折价入股为途径的经营权的适度集中，土地确权入股是在当地政府、合作社、村委会以及农民的监督下进行的，绝对公开、公正，受到法律、法规和政策制度的保护。签订合约的过程以及签订合同后的监督与执行都受到政策法规的保护，契约的稳定性和法律保护性提高了契约执行的可行性。

6.2.3.5　农民的收益渠道拓宽

东平县通过土地确权确地、确权确股不确地的方法，激活了土地经营权，让土地经营权转变成农民的资产，土地以资产的形式参与到市场经济活动中，拓宽了农民的收益渠道。"保底金 + 分红 + 非农收入"的获利方式使得农民不仅得到"股金"和盈利分红，还可以外出打工或在合作社务工，以此获得非农收益。

6.3　本章小结

本章通过对"滕州模式"和"东平土地股份合作社模式"的分析，发现将土地流转服务中心和土地股份合作社作为中介机构引入流转模式

---

① 边角经济：主要指"四荒地"或农户房前屋后犄角旮旯的土地，此资料来源于：徐勇主编，邓大才，赵德建，胡平江，万磊等著 . 东平崛起：土地股份合作中的现代集体经济成长 [M]. 北京：中国社会科学出版社，2015：280.

中，降低了农民与新型经营主体之间直接交易下可能存在的交易费用，土地流转服务中心和土地股份合作社作为中介机构参与到流转当中使得原本可能无法成交的交易成交，而且中介机构的介入降低了交易双方契约的不执行风险，提高了双方契约执行的可行性。

土地流转的"滕州模式"在工业的带动下，在政府的支持下，实现了从无序到有序、从自发到规范、从政策指导到初级市场化的转变，成为流转模式创新的典范。东平县是通过土地经营权入股、市场化运作的方式，实现农村集体的重塑（徐勇、邓大才、赵德建等，2015），充分发挥了市场主导和政府指导的作用，通过土地股份合作社的发展，推动了农业适度规模经营，有效带动了农业增效、农民增收。

第7章

结论、政策建议与有待
进一步研究的问题

7.1 研究结论

中国农村土地制度的变革本质上体现的是土地与农民之间的关系，随着农业生产的专业化和市场化的深入发展，土地作为资本的重要性日益突出。

本书通过对改革开放后土地流转制度变迁的分析研究，明确了政府对土地流转政策和制度的设计与变迁是为了适应生产力的发展要求以及实现农业增产、农民增收。农村土地经营权流转的本质就是对农民土地权利和利益的调整，推动农村土地经营权实现适度规模化流转，其根本立足点就是要充分保护农民的合法权益，任何人、任何时候都不能漠视农民的存在和利益诉求。在保护农民土地承包权基础上，为了实现土地经营权流转经济效益，政府部门提出了农村土地产权制度从"集体所有权"和"土地承包经营权"的两权分离到"落实土地集体所有权""稳定农户的承包权"和"放活土地的经营权"三权并行的转变。如果说"两权分离"的土地产权结构为实现农村土地经营权的流转奠定制度基础，那么"三权分置"的土地产权结构则为引导农村土地经营权的有序流转、增加土地规模效益、稳妥推进农业适度规模化经营奠定了制度基础，并且"三权分置"明确了土地产权的界定，为降低土地流转中的交易费用提供了客观条件，提高了书面契约的可行性。

交易费用反映的是人与人之间的关系，交易费用越低，产生交易行为的可能性就越高；交易费用越高，越妨碍交易的实行。我国农村土地流转模式的多样化决定了交易费用的多样性。农村土地在流转的过程中，交易费用制约着资源的重新配置和效率的提高，如果交易费用太高，有可能无法实现双方或多方的直接交易，土地资源的重新配置和效率的提高也就不能实现。所以，在农地流转的交易过程中，降低或避免交易双方的交易费用是资源优化配置的前提，决定了农地资源配置效应的优化程度。通过分析对比农村土地流转过程中产生的以及涉及的交易费用，发现市场型交易费用影响了农户对农地流转模式的选择；管理型交易费用和政治型交易费用影响了新型经营主体和中介机构的执行和实施；政治型交易费用与当地政府部门的政策制度、财政支持有密切联系。

中国地域辽阔，不同地区的资源条件与经济发展程度相差甚远，土地流转模式的创新必须与当地的经济条件、资源条件或社会条件相结合。以交易费用理论和契约理论为基础和视角，运用博弈模型进行分析，本书发现土地流转主体的变化造成交易费用的改变，交易费用的高低影响农户对流转模式的选择。经营主体单一、流转交易简单的初级阶段的流转模式选择口头契约的比重较高，但是农户间的初级阶段的土地流转模式和口头契约形式降低了土地的利用率、农业劳动效益和生产效率，农业绩效增长缓慢。经营主体多样、流转交易复杂的高级阶段的流转模式多以书面契约为主，具有法律保障的书面契约和合作社、土地银行等高级土地流转模式，不仅有利于农户家庭内部的分工优化配置，实现家庭收益最大化，还有利于规模化、专业化农业经营的实现，解决了农地分割细碎化问题。从交易费用的角度分析，发现流转对象的变化使得契约从口头契约转变为书面契约，而交易费用的降低又推动了流转交易的进行。书面契约有着诸多的优点，书面契约取代口头契约的地位也只是时间的问题。

7.2　政策建议

7.2.1　加强政策调控

7.2.1.1　制定农村土地流转的专项法律

农村土地实现有序化、规模化流转经营是我国农业发展的必然趋势。当今，中国农村土地经营权流转的相关政策和法律制度还不健全，流转方式的混乱无序制约了现代农业规模化经营，侵害了农民的经济利益，有些农村地区甚至出现村委会强制性剥夺农民平等、自愿进行土地流转的权利。所以政府部门应该制定一部专业的、规范的农村土地流转专项法律。此法律必须明确规定土地流转的转出方、转入方和中介机构的权利与义务，土地流转的原则、方式和程序，土地流转的期限和契约形式，发生争执或纠纷等问题的解决方式、法律责任以及惩罚措施等。

7.2.1.2　实行严格的使用管制和档案制度

实行严格的土地流转使用管制和土地档案制度。第一，各级政府加大对流转土地数量和用途的监管力度，加强对基本农田的保护制度，坚守18亿亩红线不动摇。当发现有私自改动流转土地用途的不法举动和行为时，必须立刻查处，同时还要追究当事人的全部责任。第二，建立农村地籍档案并加强监管力度，各省份土地管理部门应对辖下农村土地进行全面的、细致的调查。精准记录土地的数量、质量、面积、位置和肥沃程度等资料；对流转土地的使用方向实行登记归档；对调查结果整理、登记、汇总为地籍档案资料并实行妥善严格的保管。第三，频繁流转土地会影响土地地力和肥沃程度，甚至出现过度开垦造成土地贫瘠的状况，政府应该制定科学的保护机制，积极保护土地质量和肥力。

7.2.1.3　建立健全激励惩罚机制

通过立法或相关行政文件，明确土地流转交易双方、中介机构以及管理者的责任，建立经济和声誉奖罚机制，对维护有序合法土地流转行为的个人、组织或管理者给予经济奖励和肯定；对破坏危害有序合法土地流转行为的个人、组织或管理者给予加倍的经济惩罚，并通过电视媒体、网络或其他行为进行宣传，从经济和精神两方面进行约束和奖罚，以此维护合法有序的土地流转、打击不良行为。

7.2.2　培育完善的农村土地流转市场

7.2.2.1　加强中介服务机构建设

农村土地经营权流转的交易平台在交易的过程中发挥着十分重要的作用，可以降低交易费用、降低土地资源的匹配成本、提高契约执行的可行性，促进流转交易的发生。所以相关部门应该积极地建立健全市、镇、乡三级土地流转交易平台。第一，加强对流转信息的审核力度和规范化流程的设置，梳理混乱的供求信息，弥补信息分析处理等方面的不足，提高信息的有效性和真实性。第二，积极吸取采纳其他中介机构的经验教训，实现技术和经验上的积累，促进流转市场的健康发展与完善。第三，制定农村土地流转中介服务机构专项条例，规范中介服务机构的功能与职责，以确保中介服务机构的服务职能。第四，提高中介服务机构的优惠待遇，如降低或减免税费、免费提供人员培训等。

强化村委会的中介服务职能、规范村委会的中介工作规程。个体村民很难与新型经营主体进行直接的土地流转交易，若是新型经营主体与单个农户进行交涉，增加交易费用的同时，还需要付出更多的时间和额外的交易成本才能实现连片规模化的土地流转。如果是村委会作为中介机构从中协调，就可以在有效地保护农民利益、降低交易费用的前提下，制约交易双方出现"敲竹杠"和"卷款私逃"的现象，实现村内土地的顺利流转；村委会在推动当地土地流转交易的过程中，可以从中获得部分经济收益（如中介费），提升在村民中的信任度和政绩。所以各级政府部门应该给予支持和引导，使其最大限度的发挥积极作用。第一，加强村委会在农村土地流转交易过程中的中介服务职能。对村委会的工作人员进行专业培训，熟悉土地流转的法规、政策和形势，提高专业的服务意识和服务能力；在协调过程中能够根据不同的流转阶段和实际情况，采用不同的参与方式。第二，积极规范村委会的中介工作规程。建立健全协调土地流转的规章制度，明确产生纠纷、争执的处罚措施，确立适时调整地租和规范的经费保障机制、制定规范合法的契约形式等。

7.2.2.2 完善农村土地流转的价格评估体系

我国土地流转市场中已经形成的土地价格体系并不规范，多是交易双方私下协商的价格或给予土地价格评估而形成的，并不是市场自发形成的价格，容易引发事后的经济纠纷等问题。公正、合理、科学的农村土地流转交易价格评估体系的构建，有利于农村土地资源的优化配置，有利于流转市场的有效运营以及后续的健康发展。第一，按照土地的肥沃程度、地理位置、地块数量、土地地力、土地面积等方面对土地进行等级划分，建立完善的农村土地等级价格评估机制和土地流转市场价格评估机制，建立科学、统一、标准的土地流转价格评估体系，培养具备专业资质的评估人员。第二，综合考虑土地的肥沃程度、地理位置、地块数量以及流转年限等因素后，结合当地经济发展水平、农村公共设施建设与交通、土地规划利用以及当地政府的政策措施等方面，制定土地流转的基准价与政府指导价，并且对其变化实行密切监测、定期更新、及时公布。第三，制定土地流转的最低价格限制，时刻监测市场利率变化，规范流转市场秩序并加大监管力度，对扰乱市场秩序的行为给予及时查处，并追究当事人的责任。

7.2.2.3 鼓励农村土地流转模式的创新与发展

农村土地流转的发展是为了适应社会生产力的发展要求，农村土地资源的重新配置，可以提高土地资源的利用率和农业生产效益，进而增加农民收入、提高农民生活水平。近几年，农村土地流转呈现平稳快速发展趋势，有效地推动了现代化农业的发展。但是，由于流转交易程序的不规范、流转的期限较短以及规模较小等问题造成了交易费用的提高。同时，口头契约的盛行，制约了适度规模化农业的发展，而新型经营主体的快速发展，导致农民更担心失去土地。土地是农业生产经营过程中最基本的生产资料，是农民最靠得住的生产保障。失去土地，就意味着农民失去了他们最可靠的生存保障，这种想法直接造成土地无法实现流转。为了实现农民收益的提高，实现农业规模化效益，相关部门应该鼓励各地区因地制宜地提出适合本地发展的土地流转模式和流转制度措施，或根据当地经济环境、风俗习惯、地理位置、土壤肥沃程度的不同发展创新土地流转模式，如土地入股合作社模式、土地银行模式、农地经营权信贷模式等。同时，地方政府在财政和新流转模式的宣传方面应该给予支持，并鼓励各种流转模式创新和发展。

7.2.2.4 建立健全风险保障机制

土地流转交易存在风险性，当地政府或中介机构建立农村土地流转风险保障金机制。第一，设置严格的审查制度，对交易双方的资质、诚信度以及经济能力进行严格审查，制定年审和抽审机制。同时，加强交易双方的监管机制，例如，通过对新型经营主体的农业生产性的指导或跟踪管理，及时协调、解决其农业生产或经营中出现的困难，增强其抵御风险的能力。第二，建立风险保证金和违约保证机制，交易双方依据自身经济能力缴纳一定比例的风险保证金，可以有效地降低新型经营主体因经营不善而造成的风险，同时也降低了交易双方的违约风险。若合约期满后，交易双方都无违约行为，保证金原额退还，若有违约行为，当地政府或中介机构可以给予违约方经济惩罚。

7.2.2.5 健全纠纷仲裁机制

由于国家大力扶持农业生产，农产品价格持续增长，调动了一部分农民的种地积极性，部分外出打工的农民返乡务农，造成原本流转出去的土地或撂荒地成为争抢的对象，还有一部分纠纷是因为交易双方没有签订书面契约，不具备法律效益的口头契约增加了违约纠纷的发生，建立健全解决流转纠纷的仲裁机制已迫在眉睫。第一，做好农户承包地的确权工作，避免流转交易中因土地地界不清造成纠纷。第二，构建农村土地流转纠纷仲裁机制。在各省、自治区、直辖市设立农村土地流转纠纷仲裁委员会，在各镇、乡设立农村土地流转纠纷调解委员会，对流转交易中发生的各种纠纷进行调解。当地政府要承担起协调、解决土地纠纷的职责，发生纠纷时要及时劝阻、协调，减小交易双方的利益损失；对于无法劝阻或协调的，须依法进行仲裁或进行诉讼；对没有进行流转交易或准备进行流转交易的土地转出方和转入方，要给予签订书面契约的建议；对于已经进行流转交易却未签订书面契约的交易双方，应要求补签合约。第三，完善土地承包经营权法律法规，依法处理矛盾纠纷；完善土地流转纠纷解决机制，依法健全协商、调解、仲裁、诉讼等农村土地流转纠纷解决机制，及时处理解决流转交易中的矛盾纠纷，纠正和查处违背农民意愿、强迫进行土地流转的不法举动和行为。

7.2.3 完善农村社会保障机制与设立农村贫困高中生助学基金机制

土地承担着农民的养老保险、就业保险、医疗保险等责任，具有很强的社会保障功能，如果没有完善的养老、就业以及医疗保障等社保机制，就会导致农民依然强烈的依赖着土地、制约着土地的流转。完善健全的农村社保机制可以减少农民对土地的依赖意识，实现"老有所养，病有所医"。第一，设立能够覆盖全体农民的最低生活保障机制与最低救助救济机制，在完善农村社会保障机制的同时，要着重考虑农村的老年人、妇女和儿童等弱势群体。第二，设立完善的农民工就业保障体系。农民兼业化有利于实现土地的规模化、长期化和快速化的流转，但是不稳定的非农收入强化了农民对土地的生存依赖意识，而完善的就业保障体系如同一粒"定心丸"，让农民可以放心大胆地放弃土地的经营权，进一步推进有序规模化农业经营。第三，建立农村贫困高中生助学基金机制。九年义务教育政策的实施，有效地降低了全民的文盲率，由于义务教育没有普及到高中教育阶段，很多农村地区的高中生因为家境贫寒无法上学。建立农村贫困高中生助学基金，不仅减轻了农民的经济负担，还提升了农民总体素质，同时，可以有效地将最新的技术和文化传播到广大农村地区，对农村经济的后续发展和农村土地的规模化流转具有重要的深远意义。

7.3　有待进一步研究的问题

土地涉及农民最核心的利益，是民生问题。农村土地经营权流转最根本立足点就是要充分保障农民的权益，任何人、任何时候都不能漠视农民的利益诉求。我国幅员辽阔，地理环境千差万别，各地风俗习惯也不尽相同，全国大量的土地流转案例为今后进行数据实证研究提供了基础。在今后的研究中，笔者将继续搜集相关数据做实证研究，来进一步验证之前得出的结论和判断，丰富文章的研究、增强文章的厚重感。通过考察更多的土地流转案例，将土地流转变迁历史与当地的历史文化、地理环境、经济特征、资源禀赋、人文情怀等相结合，从中找出更有意义的结论和判断。

附　　录

表 A1　　　　　　1982 ~ 1986 年关于农地流转相关阐述的中央一号文件

时间	文件名称	关于农地流转的相关阐述
1982 年 1 月 1 日	1982 年中央一号文件:《全国农村工作会议纪要》	目前实行的各种责任制,包括小段包工定额计酬,专业承包联产计酬,联产到劳,包产到户、到组,包干到户、到组,等等,都是社会主义集体经济的生产责任制。……不同于合作化以前的小私有的个体经济,而是社会主义农业经济的组成部分
1983 年 1 月 1 日	1983 年中央一号文件:《当前农村经济政策的若干问题》	联产承包责任制迅速发展,绝不是偶然的。它以农户或小组为承包单位,扩大了农民的自主权,发挥了小规模经营的长处,克服了管理过分集中、劳动"大呼隆"和平均主义的弊病,又继承了以往合作化的积极成果,坚持了土地等基本生产资料的公有制和某些统一经营的职能,使多年来新形成的生产力更好地发挥作用
1984 年 1 月 1 日	1984 年中央一号文件:《关于 1984 年农村工作的通知》	土地承包期一般应在十五年以上。生产周期长的和开发性的项目,如果树、林木、荒山等,承包期应当更长一些。在延长承包期以前,群众有调整土地要求的,可以本着"大稳定,小调整"的原则,经过充分商量,由集体统一调整。鼓励土地逐步向种田能手集中。社员在承包期内,因无力耕种或转营他业而要求不包或少包土地的,可以将土地交给集体统一安排,也可以经集体同意,由社员自找对象协商转包,但不能擅自改变向集体承包合同的内容。转包条件可以根据当地情况,由双方商定

时间	文件名称	关于农地流转的相关阐述
1985 年 1 月 1 日	1985 年中央一号文件：《中共中央、国务院关于进一步活跃农村经济的十项政策》	联产承包责任制和农户家庭经营长期不变。要继续完善土地承包办法和林业、牧业、水产业，乡镇企业的责任制。有些合作经济采用了合股经营、股金分红的方法，资金可以入股，生产资料和投入基本建设的劳动也可以计价入股，经营所得利润的一部分按股分红。这种股份式合作，不改变入股者的财产所有权，避免了一讲合作就合并财产和平调劳力的弊病，却可以把分散的生产要素结合起来，较快地建立起新的经营规模，积累共有的财产。这种办法值得提倡，但必须坚持自愿互利，防止强制摊派
1986 年 1 月 1 日	1986 年中央一号文件：《中共中央、国务院关于一九八六年农村工作的部署》	我国农村在实行了联产承包责任制之后，去年又在改革农产品统派购制度、调整产业结构方面迈出了重大的一步，成效十分显著。最主要的标志是农村经济搞活了。……农村经济的持续上升，为整个国民经济的改革和发展创造了良好条件。实践证明，农村改革的方针政策是正确的，必须继续贯彻执行

资料来源：中国农业新闻网。

表 A2　2005～2010 年、2012～2022 年关于农地流转相关阐述的中央一号文件

时间	文件名称	关于农地流转的相关阐述
2004 年 12 月 31 日	2005 年中央一号文件：《中共中央、国务院关于进一步加强农村工作提高农业综合生产能力若干政策的意见》	认真落实农村土地承包政策。针对一些地方存在的随意收回农户承包地、强迫农户流转承包地等问题，各地要对土地二轮承包政策落实情况进行全面检查，对违反法律和政策的要坚决予以纠正，并追究责任。要妥善处理土地承包纠纷，及时化解矛盾，维护农民合法权益。尊重和保障农户拥有承包地和从事农业生产的权利，尊重和保障外出务工农民的土地承包权和经营自主权。承包经营权流转和发展适度规模经营，必须在农户自愿、有偿的前提下依法进行，防止片面追求土地集中。各省、自治区、直辖市要尽快制定农村土地承包法实施办法
2005 年 12 月 31 日	2006 年中央一号文件：《中共中央国务院关于推进社会主义新农村建设的若干意见》	稳定和完善以家庭承包经营为基础、统分结合的双层经营体制，健全在依法、自愿、有偿基础上的土地承包经营权流转机制，有条件的地方可发展多种形式的适度规模经营

时间	文件名称	关于农地流转的相关阐述
2006 年 12 月 31 日	2007 年中央一号文件：《中共中央国务院关于积极发展现代农业扎实推进社会主义新农村建设的若干意见》	坚持农村基本经营制度，稳定土地承包关系，规范土地承包经营权流转，加快征地制度改革
2007 年 12 月 31 日	2008 年中央一号文件：《中共中央、国务院关于切实加强农业基础建设进一步促进农业发展农民增收的若干意见》	各地要切实稳定农村土地承包关系，认真开展延包后续完善工作，确保农村土地承包经营权证到户。加强农村土地承包规范管理，加快建立土地承包经营权登记制度。……按照依法自愿有偿原则，健全土地承包经营权流转市场。农村土地承包合同管理部门要加强土地流转中介服务，完善土地流转合同、登记、备案等制度，在有条件的地方培育发展多种形式适度规模经营的市场环境。坚决防止和纠正强迫农民流转、通过流转改变土地农业用途等问题，依法制止乡、村组织通过"反租倒包"等形式侵犯农户土地承包经营权等行为
2008 年 12 月 31 日	2009 年中央一号文件：《中共中央国务院关于 2009 年促进农业稳定发展农民持续增收的若干意见》	现有土地承包关系保持稳定并长久不变。强化对土地承包经营权的物权保护，做好集体土地所有权确权登记颁证工作，将权属落实到法定行使所有权的集体组织；稳步开展土地承包经营权登记试点，把承包地块的面积、空间位置和权属证书落实到农户，严禁借机调整土地承包关系 建立健全土地承包经营权流转市场。土地承包经营权流转，不得改变土地集体所有性质，不得改变土地用途，不得损害农民土地承包权益。坚持依法自愿有偿原则，尊重农民的土地流转主体地位，任何组织和个人不得强迫流转，也不能妨碍自主流转。按照完善管理、加强服务的要求，规范土地承包经营权流转。鼓励有条件的地方发展流转服务组织，为流转双方提供信息沟通、法规咨询、价格评估、合同签订、纠纷调处等服务

续表

时间	文件名称	关于农地流转的相关阐述
2009 年 12 月 31 日	2010 年中央一号文件：《中共中央国务院关于加大统筹城乡发展力度进一步夯实农业农村发展基础的若干意见》	继续做好土地承包管理工作，全面落实承包地块、面积、合同、证书"四到户"，扩大农村土地承包经营权登记试点范围，保障必要的工作经费。加强土地承包经营权流转管理和服务，健全流转市场，在依法自愿有偿流转的基础上发展多种形式的适度规模经营。严格执行农村土地承包经营纠纷调解仲裁法，加快构建农村土地承包经营纠纷调解仲裁体系。……鼓励有条件的地方开展农村集体产权制度改革试点
2012 年 2 月 1 日	2012 年中央一号文件：《关于加快推进农业科技创新持续增强农产品供给保障能力的若干意见》	按照依法自愿有偿原则，引导土地承包经营权流转，发展多种形式的适度规模经营，促进农业生产经营模式创新。……2012 年基本完成覆盖农村集体各类土地的所有权确权登记颁证，……稳步扩大农村土地承包经营权登记试点，财政适当补助工作经费。加强土地承包经营权流转管理和服务，健全土地承包经营纠纷调解仲裁制度
2012 年 12 月 31 日	2013 年中央一号文件：《中共中央国务院关于加快发展现代农业进一步增强农村发展活力的若干意见》	稳定农村土地承包关系。抓紧研究现有土地承包关系保持稳定并长久不变的具体实现形式，完善相关法律制度。坚持依法自愿有偿原则，引导农村土地承包经营权有序流转，鼓励和支持承包土地向专业大户、家庭农场、农民合作社流转，发展多种形式的适度规模经营。结合农田基本建设，鼓励农民采取互利互换方式，解决承包地块细碎化问题。土地流转不得搞强迫命令，确保不损害农民权益、不改变土地用途、不破坏农业综合生产能力。……规范土地流转程序，逐步健全县乡村三级服务网络，强化信息沟通、政策咨询、合同签订、价格评估等流转服务。加强农村土地承包经营纠纷调解仲裁体系建设
2014 年 1 月 19 日	2014 年中央一号文件：《关于全面深化农村改革加快推进农业现代化的若干意见》	在落实农村土地集体所有权的基础上，稳定农户承包权、放活土地经营权，允许承包土地的经营权向金融机构抵押融资。……切实加强组织领导，抓紧抓实农村土地承包经营权确权登记颁证工作，充分依靠农民群众自主协商解决工作中遇到的矛盾和问题，可以确权确地，也可以确权确股不确地，确权登记颁证工作经费纳入地方财政预算，中央财政给予补助。……切实维护妇女的土地承包权益

续表

时间	文件名称	关于农地流转的相关阐述
2015 年 2 月 1 日	2015 年中央一号文件：《关于加大改革创新力度加快农业现代化建设的若干意见》	加快构建新型农业经营体系。坚持和完善农村基本经营制度，坚持农民家庭经营主体地位，引导土地经营权规范有序流转，创新土地流转和规模经营方式，积极发展多种形式适度规模经营，提高农民组织化程度。鼓励发展规模适度的农户家庭农场，完善对粮食生产规模经营主体的支持服务体系。……引导农民以土地经营权入股合作社和龙头企业。……土地经营权流转要尊重农民意愿，不得硬性下指标、强制推动。尽快制定工商资本租赁农地的准入和监管办法，严禁擅自改变农业用途。 推进农村集体产权制度改革。探索农村集体所有制有效实现形式，创新农村集体经济运行机制。出台稳步推进农村集体产权制度改革的意见。对土地等资源性资产，重点是抓紧抓实土地承包经营权确权登记颁证工作，扩大整省推进试点范围，总体上要确地到户。……稳步推进农村土地制度改革试点。在确保土地公有制性质不改变、耕地红线不突破、农民利益不受损的前提下，按照中央统一部署，审慎稳妥推进农村土地制度改革
2015 年 12 月 31 日	2016 年中央一号文件：《中共中央国务院关于落实发展新理念加快农业现代化实现全面小康目标的若干意见》	坚持以农户家庭经营为基础，支持新型农业经营主体和新型农业服务主体成为建设现代农业的骨干力量，充分发挥多种形式适度规模经营在农业机械和科技成果应用、绿色发展、市场开拓等方面的引领功能。……适应新型农业经营主体和服务主体发展需要，允许将集中连片整治后新增加的部分耕地，按规定用于完善农田配套设施。……健全县乡农村经营管理体系，加强对土地流转和规模经营的管理服务。……到 2020 年基本完成土地等农村集体资源性资产确权登记颁证、经营性资产折股量化到本集体经济组织成员，健全非经营性资产集体统一运营管理机制。……依法推进土地经营权有序流转，鼓励和引导农户自愿互换承包地块实现连片耕种

时间	文件名称	关于农地流转的相关阐述
2016 年 12 月 31 日	2017 年中央一号文件:《中共中央国务院关于深入推进农业供给侧结构性改革加快培育农业农村发展新动能的若干意见》	积极发展适度规模经营。大力培育新型农业经营主体和服务主体,通过经营权流转、股份合作、代耕代种、土地托管等多种方式,加快发展土地流转型、服务带动型等多种形式规模经营。积极引导农民在自愿基础上,通过村组内互换并地等方式,实现按户连片耕种。完善家庭农场认定办法,扶持规模适度的家庭农场。加强农民合作社规范化建设,积极发展生产、供销、信用"三位一体"综合合作。……研究建立农业适度规模经营评价指标体系,引导规模经营健康发展
2018 年 1 月 2 日	2018 年中央一号文件:《中共中央国务院关于实施乡村振兴战略的意见》	巩固和完善农村基本经营制度。落实农村土地承包关系稳定并长久不变政策,衔接落实好第二轮土地承包到期后再延长 30 年的政策,让农民吃上长效"定心丸"。全面完成土地承包经营权确权登记颁证工作,实现承包土地信息联通共享。完善农村承包地"三权分置"制度,在依法保护集体土地所有权和农户承包权前提下,平等保护土地经营权。农村承包土地经营权可以依法向金融机构融资担保、入股从事农业产业化经营。实施新型农业经营主体培育工程,培育发展家庭农场、合作社、龙头企业、社会化服务组织和农业产业化联合体,发展多种形式适度规模经营
2019 年 1 月 3 日	2019 年中央一号文件:《中共中央国务院关于坚持农业农村优先发展做好"三农"工作的若干意见》	深化农村土地制度改革。保持农村土地承包关系稳定并长久不变,研究出台配套政策,指导各地明确第二轮土地承包到期后延包的具体办法,确保政策衔接平稳过渡。完善落实集体所有权、稳定农户承包权、放活土地经营权的法律法规和政策体系。在基本完成承包地确权登记颁证工作基础上,开展"回头看",做好收尾工作,妥善化解遗留问题,将土地承包经营权证书发放至农户手中。健全土地流转规范管理制度,发展多种形式农业适度规模经营,允许承包土地的经营权担保融资。总结好农村土地制度三项改革试点经验,巩固改革成果。坚持农村土地集体所有、不搞私有化,坚持农地农用、防止非农化,坚持保障农民土地权益、不得以退出承包地和宅基地作为农民进城落户条件,进一步深化农村土地制度改革

时间	文件名称	关于农地流转的相关阐述
2020 年 1 月 2 日	2020 年中央一号文件：《中共中央国务院关于抓好"三农"领域重点工作确保如期实现全面小康的意见》	发展富民乡村产业。支持各地立足资源优势打造各具特色的农业全产业链，建立健全农民分享产业链增值收益机制，形成有竞争力的产业集群，推动农村一二三产业融合发展。加快建设国家、省、市、县现代农业产业园，支持农村产业融合发展示范园建设，办好农村"双创"基地。重点培育家庭农场、农民合作社等新型农业经营主体，培育农业产业化联合体，通过订单农业、入股分红、托管服务等方式，将小农户融入农业产业链。抓好农村重点改革任务。完善农村基本经营制度，开展第二轮土地承包到期后再延长 30 年试点，在试点基础上研究制定延包的具体办法。鼓励发展多种形式适度规模经营，健全面向小农户的农业社会化服务体系
2021 年 1 月 4 日	2021 年中央一号文件：《中共中央国务院关于全面推进乡村振兴加快农业农村现代化的意见》	深入推进农村改革。完善农村产权制度和要素市场化配置机制，充分激发农村发展内生动力。坚持农村土地农民集体所有制不动摇，坚持家庭承包经营基础性地位不动摇，有序开展第二轮土地承包到期后再延长 30 年试点，保持农村土地承包关系稳定并长久不变，健全土地经营权流转服务体系
2022 年 1 月 4 日	2022 年中央一号文件：《中共中央国务院关于做好 2022 年全面推进乡村振兴重点工作的意见》	合理保障农民种粮收益。按照让农民种粮有利可图、让主产区抓粮有积极性的目标要求，健全农民种粮收益保障机制。2022 年适当提高稻谷、小麦最低收购价，稳定玉米、大豆生产者补贴和稻谷补贴政策，实现三大粮食作物完全成本保险和种植收入保险主产省产粮大县全覆盖。……支持家庭农场、农民合作社、农业产业化龙头企业多种粮、种好粮。聚焦关键薄弱环节和小农户，加快发展农业社会化服务，支持农业服务公司、农民合作社、农村集体经济组织、基层供销合作社等各类主体大力发展单环节、多环节、全程生产托管服务，开展订单农业、加工物流、产品营销等，提高种粮综合效益

续表

时间	文件名称	关于农地流转的相关阐述
2022 年 1 月 4 日	2022 年中央一号文件:《中共中央国务院关于做好 2022 年全面推进乡村振兴重点工作的意见》	落实"长牙齿"的耕地保护硬措施。实行耕地保护党政同责,严守 18 亿亩耕地红线。按照耕地和永久基本农田、生态保护红线、城镇开发边界的顺序,统筹划定落实三条控制线,把耕地保有量和永久基本农田保护目标任务足额带位置逐级分解下达,由中央和地方签订耕地保护目标责任书,作为刚性指标实行严格考核、一票否决、终身追责。分类明确耕地用途,严格落实耕地利用优先序,耕地主要用于粮食和棉、油、糖、蔬菜等农产品及饲草饲料生产,永久基本农田重点用于粮食生产,高标准农田原则上全部用于粮食生产

资料来源:中国农业新闻网。

参 考 文 献

[1] 阿尔弗雷德·马歇尔. 经济学理论 [M]. 朱志泰, 译. 北京: 商务印书馆, 1981.

[2] 埃里克·弗鲁博顿, 鲁道夫·芮切特. 新制度经济学: 一个交易费用分析范式 [M]. 姜建强, 罗长远, 译. 上海: 格致出版社, 2012.

[3] 保罗·A. 萨缪尔森. 经济学 [M]. 萧琛, 译. 北京: 人民邮电出版社, 1991.

[4] 博思数据研究中心. 2017 - 2022 年中国土地流转行业现状分析及投资前景研究报告 [M]. 北京: 博思数据研究中心, 2017.

[5] 曹建华, 王红英, 黄小梅. 农村土地流转的供求意愿及其流转效率的评价研究 [J]. 中国土地科学, 2007, 21 (5): 54 - 60.

[6] 曹跃群, 蒋为, 张卫国. 农户经济视角下的我国农村土地流转影响因素: 基于 Multiple Choice Model 的调查研究 [J]. 石家庄经济学院学报, 2011, 34 (1): 83 - 87.

[7] 查士丁尼. 法学总论 [M]. 北京: 商务印书馆, 1989.

[8] 陈亚东, 刘新荣. 农村土地流转调查研究 [J]. 经济纵横, 2009 (4): 58 - 61.

[9] 陈耀, 罗进华. 对中国农村土地流转缓慢原因的研究 [J]. 上海经济研究, 2004 (6): 29 - 35.

[10] 陈瑛. 公共产品供给: 云南社会主义新农村建设的重要路径 [J]. 经济研究导论, 2010, 87 (13): 29 - 30.

[11] 陈映. 新农村建设中城乡统筹发展的农村公共产品供给 [J]. 求索, 2006 (10): 16 - 18.

[12] 程志强. 对我国土地信用合作社实践的思考：以宁夏平罗为例 [J]. 管理世界，2008（11）：1-8.

[13] 大卫·李嘉图. 政治经济学及赋税原理 [M]. 晏智杰，编. 周洁，译. 北京：光明日报出版社，2009.

[14] 戴伟娟. 城市化进程中农村土地流转问题研究 [M]. 上海：上海社会科学院出版社，2011.

[15] 道格拉斯·C. 诺斯. 交易成本、制度和经济史 [J]. 经济译文，1994（2）：23-28.

[16] 道格拉斯·C. 诺斯. 制度、制度变迁与经济绩效 [M]. 上海：上海人民出版社，2008.

[17] 邓大才. 农地流转的交易成本与价格研究——农地流转的价格决定因素 [J]. 财经问题研究，2007（9）：89-95.

[18] 董峻. 全国26%承包地已流转，农业部要求不能搞强迫命令 [EB/OL]. http://politics.people.com.cn/n/2014/0223/c70731-24440045.html，2014-02-23.

[19] 杜尔哥. 关于财富的形成和分配的考察 [M]. 唐日松，译. 北京：华夏出版社，2007.

[20] 杜能. 孤立国同农业和国民经济的关系 [M]. 吴衡康，译. 北京：商务印书馆，1986.

[21] 物权法应规定占有和占有权 [EB/OL]. 110法律咨询网，http://www.110.com/ziliao/article-12167.html，2004-07-30.

[22] 方青. 农村社会保障：回顾与前瞻 [J]. 中国农村观察，2001（3）：20-27.

[23] 冯华. 农村土地流转不透明不规范问题仍存在：集体流转须获农户书面委托（政策解读）[N]. 人民日报，2016-07-18（2）.

[24] 弗兰克. 农民经济学：农民家庭农业和农业发展 [M]. 胡景北，译. 上海：上海人民出版社，2006.

[25] 傅晨，刘梦琴. 农地承包经营权流转不足的经济分析 [J]. 调

研世界, 2007 (1): 22-24.

[26] 高永生, 朱连奇. 农地流转制度的创新思考: 土地银行 [J]. 安徽农业科学, 2009, 37 (30): 14932-14933, 14945.

[27] 谷彬. 多元官方数据看农村土地流转 [J]. 经济导刊, 2015 (5): 84-91.

[28] 关艳. 我国农村土地流转市场现状调查及对策研究 [J]. 经济纵横, 2011 (3): 80-82.

[29] 关于我国农地流转问题的思考 [EB/OL]. 中国学术期刊网, http://www.doc88.com/p-146802910212.html, 2012-03-09.

[30] 郭川, 钱忠好. 小城镇建设中耕地保护问题研究 [J]. 中国土地科学, 2000, 14 (6): 31-34.

[31] 郭利华. 土地信用社试点半年 [J]. 银行家, 2006 (11): 120-121.

[32] 国家统计局. 人民日报刊发国家统计局报告: 改革开放铸辉煌 经济发展谱新篇——1978 年以来我国经济社会发展的巨大变化 [EB/OL]. http://www.stats.gov.cn/tjgz/tjdt/201311/t20131106_456188.html, 2013-11-06.

[33] 韩洪云, 吕秀滢. 交易成本与农户销售渠道选择: 基于浙江省仙居县杨梅种植户的调查 [J]. 经基经纬, 2012 (2): 105-109.

[34] 何绍周, 彭博, 马也. 农民财产性收入增长面临的制度性约束: 基于市场和法治的视角 [J]. 农业技术经济, 2012 (6): 95-100.

[35] 何秀荣. 公司农场: 中国农业微观组织的未来选择 [J]. 中国农村经济, 2009 (11): 4-15.

[36] 何一鸣, 罗必良. 产业特性、交易费用与经济绩效: 来自中国农业的经验证据 (1958—2008 年) [J]. 山西财经大学学报, 2011 (3): 57-62.

[37] 何一鸣, 罗必良. 农地流转、交易费用与产权管制: 理论范式与博弈分析 [J]. 农村经济, 2012 (1): 7-12.

[38] 贺雪峰. 不宜过分强调土地经营权 [EB/OL]. http://

jer. whu. edu. cn/jjgc/15/2017 – 01 – 23/3889. html，2017 – 01 – 23.

［39］贺雪峰 . 农地"三权分置"的变与不变［J］. 农村工作通讯，2018（4）：16 – 18.

［40］贺振华 . 农村土地流转的效率分析［J］. 改革，2003（4）：87 – 92.

［41］贺振华 . 农地土地流转的效率：现实与理论［J］. 上海经济研究，2003（3）：11 – 17.

［42］洪名勇 . 贵州农村土地承包经营权流转研究［M］. 北京：中国经济出版社，2013.

［43］洪名勇，尚名扬 . 信任与农户农地流转契约选择［J］. 农村经济，2013（4）：23 – 27.

［44］洪明勇 . 论马克思的土地产权理论［J］. 经济学家，1998（1）：29 – 34.

［45］洪明勇，钱龙 . 声誉机制、契约选择与农地流转口头契约自我履约研究［J］. 吉首大学学报，2015，36（1）：34 – 43.

［46］洪明勇 . 信任博弈与农地流转口头契约履约机制研究［J］. 商业研究，2013，55（1）：151 – 155.

［47］胡韫频，吴学军，郭树元，邹蔚 . 对三峡工程投资控制的新制度经济学分析［J］. 人民长江，2006，37（2）：14 – 16.

［48］黄季焜，邬亮亮，冀县卿，罗斯高 . 中国的农地制度、农地流转和农地投资［M］. 上海：上海人民出版社，2012.

［49］黄季焜，陶然，徐志刚 . 制度变迁和可持续发展：30 年中国农业与农村［M］. 上海：格致出版社，上海人民出版，2008.

［50］黄英良 . 交易成本和农地使用权流转组织形式的选择［J］. 理论学刊，2005（10）：51 – 53.

［51］黄少安 . 产权经济学导论［M］. 山东：山东人民出版社，1997.

［52］黄少安 . 从家庭承包制的土地经营权到股份合作制的"准土地

股权"：理论矛盾、形成机理和解决思路［J］．经济研究，1995（7）：34－39，22.

［53］黄少安，刘明宇．农地制度对生产技术的选择效应：对承包经营户技术偏好的经济分析［J］．制度经济学研究，2006，14（4）：59－68.

［54］黄贤金，尼克·哈瑞柯，鲁尔特·卢本，曲福田．中国农村土地市场运行机理分析［J］．江海学刊，2001（2）：9－15.

［55］黄贤金，张安录．土地经济学［M］．北京：中国农业大学出版社，2008.

［56］黄延信，张海阳，李伟毅，刘强．农村土地流转状况调查与思考［J］．农业经济问题，2011（5）：4－9.

［57］黄宗智．长江三角洲小农家庭与乡村发展［M］．北京：中华书局出版社，2000.

［58］黄宗智．华北的小农经济与社会变迁［M］．北京：中华书局出版社，2000.

［59］黄祖辉，张静，Kevin Chen．交易费用与农户契约选择：来自浙冀两省15县30个村梨农调查的经验数据［J］．管理世界，2008（9）：76－81.

［60］金华新，郑成刚，马先福．中国现行农村土地制度的历史演变与改革对策［J］．硅谷，2008（6）：133－134.

［61］科斯，哈特，斯蒂格利茨等著．拉斯·沃因，汉斯·韦坎德编．契约经济学［M］．李风圣，主译．北京：经济科学出版社，2003.

［62］本杰明·克莱因．契约与激励：契约条款在确保履约中的作用．载科斯等．契约经济学［M］．李风圣，主译．经济科学出版社，2000.

［63］孔祥智，徐珍源．农地长期投入的影响因素实证研究：基于自有承包地与转入农地有机肥投入的比较分析［J］．农业部管理干部学院学报，2011（1）：45－51.

［64］雷利·巴洛维．土地资源经济学：不动产经济学［M］．谷树忠，译．北京：北京农业大学出版社，1989.

［65］李光荣．土地市场蓝皮书：中国农村土地市场发展报告（2015 - 2016）［M］．北京：社会科学文献出版社，2016.

［66］李国强．论农地流转中"三权分置"的法律关系［J］．法律科学（西北政法大学学报），2015（6）：179 - 188.

［67］李慧．"三权分置"：农村改革又一重大制度创新［EB/OL］．http：//www. gov. cn/zhengce/2016 - 11/04/content _5128580. htm，2016 - 11 - 04.

［68］李佳．农业部：全国承包耕地流转比例已超过三分之一［EB/OL］．https：//www. sohu. com/a/119522587_116897，2016 - 11 - 21.

［69］李孔岳．农地专用性资产与交易的不确定性对农地流转交易费用的影响［J］．管理世界，2009（3）：92 - 98.

［70］李明艳，陈利根，石晓平．非农就业与农户土地利用行为实证分析：配置效应、兼业效应与投资效应——基于 2005 年江西省农户调研数据［J］．农业技术经济，2010（3）：41 - 51.

［71］李胜兰，冯晟．再论我国农地使用权制度改革［J］．学术研究，2004（12）：31 - 36.

［72］李霞，李万明．农地流转口头协议的制度经济学分析：一个交易费用分析的框架［J］．农业经济，2011（8）：85 - 86.

［73］李秀彬，王亚辉，李升发．耕地的社保功能究竟还有多大［EB/OL］．https：//www. zgxcfx. com/sannonglunjian/111349. html，2018 - 06 - 29.

［74］李以学，彭超等．农村土地承包经营权流转现状及模式分析［J］．价格理论与实践，2009（3）：42 - 43.

［75］李忠．农地入市流转对土地资源配置效率的影响［J］．财经问题研究，2012（12）：139 - 143.

［76］李作锋．论永包制——农地产权制度改革的路径探索［J］．理论导刊，2010（1）：13 - 18.

［77］梁建春，刘冰．新疆农民田地革命：互换土地 3 年铲除田埂生

产〔EB/OL〕. http：//www.dzwww.com/xinwen/guoneixinwen/200810/t2008 1013_4003144.htm，2008 - 10 - 13.

〔78〕林善浪，张丽华. 农村土地转入意愿和转出意愿的影响因素分析：基于福建农村的调查〔J〕. 财贸研究，2009，20（4）：35 - 41.

〔79〕林毅夫. 制度、技术与中国农业发展〔M〕. 上海：上海三联书店，上海：上海人民出版社，2008.

〔80〕刘成玉，杨琦. 对农村土地流转几个理论问题的认识〔J〕. 农业经济问题，2010（10）：48 - 52.

〔81〕刘芬华. 究竟是什么因素阻碍了中国农地流转：基于农地控制权偏好的制度解析及政策含义〔J〕. 经济社会体制比较，2011（2）：26 - 34.

〔82〕刘芬华. 是何因素阻碍了中国农地流转：基于调研结果及相关观点的解析〔J〕. 经济学家，2011，2（2）：83 - 92.

〔83〕刘洪芳，石青，周辉，魏巍，杨弈钧. 江西省高院关于农地流转纠纷审理情况的报告〔N〕. 人民法院报，2014 - 02 - 01（5）.

〔84〕刘慧. 全方位夯实粮食安全根基〔EB/OL〕. http：//paper.ce.cn/pc/content/202210/20/content_262882.html，2022 - 10 - 20.

〔85〕刘强. 浅析农村承包土地细碎化问题〔J〕. 农村经营管理，2010（3）：19.

〔86〕刘润秋. 中国农村土地流转制度研究：基于利益协调的视觉〔M〕. 北京：经济管理出版社，2012.

〔87〕刘韶华. 浅议土地流转存在的问题与对策研究〔J〕. 中国西部科技，2009，8（29）：75 - 76.

〔88〕刘守英. 中国农地权属与经营方式的变化（2010 - 2014 年）〔EB/OL〕. http：//www.agri.cn/V20/SC/jjps/201602/t20160219_5023135.htm，2016 - 02 - 19.

〔89〕刘守英. 中国农业的转型与现代化〔EB/OL〕. http：//theory.people.com.cn/n1/2020/0714/c40531 - 31782094.html，2020 - 07 - 14.

〔90〕刘书楷，曲福田. 土地经济学〔M〕. 北京：中国农业出版

社，2004.

[91] 刘洋，刘惠君．基于 Logistic 模型的农地流转农户意愿影响因素研究 [J]．安徽农业科学，2011，39（2）：962 - 963，969.

[92] 刘洋，邱道持．农地流转农户意愿及其影响因素分析 [J]．农机化研究，2011（7）：1 - 7.

[93] 柳青．非农就业对农地流转的影响及政策建议 [J]．南方农业，2016（2）：110 - 111.

[94] 罗必良，汪沙，李尚蒲．交易费用、农户认知与农地流转：来自广东省的农户问卷调查 [J]．农业技术经济，2012（1）：11 - 21.

[95] 罗进华．影响我国农村土地流转的因素分析 [J]．湖南商学院学报（双月刊），2002，9（6）：16 - 20.

[96] 马克思．马克思恩格斯全集 [M]．北京：人民出版社，1972.

[97] 马克思．资本论（第三卷）[M]．北京：人民出版社，1975.

[98] 农业部农村固定观察点办公．全国农村社会经济典型调查数据汇编（2000 - 2009）[M]．北京：中国农业出版社，2010.

[99] 农业部农村固定观察点办公．全国农村社会经济典型调查数据汇编（1986 - 1999）[M]．北京：中国农业出版社，2001.

[100] 农业部农村经济和体制管理司，农村合作经营管理总站．关于 2011 年农村土地经营及管理情况 [J]．农村经营管理，2012(5)：24 - 25.

[101] 农业部农村经济研究中心．中国农村研究报告 [M]．北京：中国财政经济出版社，2004.

[102] 农业农村部．当前农村经营管理基本情况 [EB/OL]．http：// www. hzjjs. moa. gov. cn/nyshhfw/201904/t20190418_6182626. htm，2018 - 01 - 05.

[103] 农业农村部．2016 年家庭农场发展情况 [EB/OL]．http：// www. hzjjs. moa. gov. cn/nyshhfw/201904/t20190418_6182625. htm，2018 - 01 - 05.

[104] 农业农村部政策与改革司．2019 中国农村政策与改革统计年报 [M]．北京：中国农业出版社，2020.

[105] 钱龙，洪明勇，龚丽娟，钱泽森．差序格局、利益取向与农

户土地流转契约选择 [J]. 中国人口·资源与环境，2015，25（12）：95 – 104.

[106] 钱文荣. 浙北传统粮区农户土地流转意愿与行为的实证研究 [J]. 中国农村经济，2002（7）：64 – 68.

[107] 钱忠好，冀县卿. 中国农地流转现状及其政策改进：基于江苏、广西、湖北、黑龙江四省（区）调查数据的分析 [J]. 管理世界，2016（2）：71 – 81.

[108] 钱忠好. 农地承包经营权市场流转的困境与乡村干部行为：对乡村干部行为的分析 [J]. 中国农村观察，2003（2）：10 – 13.

[109] 钱忠好. 农地承包经营权市场流转：理论与实证分析——基于农户层面的经济分析 [J]. 经济研究，2003（2）：83 – 91.

[110] 钱忠好. 农村土地承包经营权残缺与市场流转困境：理论与政策分析 [J]. 管理世界，2002（6）：35 – 45.

[111] 钱忠好，张骏. 农村教育投资与农村剩余劳动力转移：理论与实证分析——来自江苏省的数据检验及其政策启示 [J]. 农业技术经济，2008（5）：4 – 9.

[112] 钱忠好. 中国农村土地承包经营权的产权残缺与重建研究 [J]. 经济学研究，2002（2）：39 – 47.

[113] 钱忠好. 中国农村土地制度变迁和创新研究续 [M]. 北京：社会科学文献出版社，2005.

[114] 邱道持. 论农村土地流转 [M]. 重庆：西南师范大学出版社，2009.

[115] 屈小博，霍学喜. 交易成本对农户农产品销售行为的影响：基于陕西省6个县27个村果农调查数据的分析 [J]. 中国农村经济，2007（8）：35 – 46.

[116] 让·巴蒂斯特·萨伊. 政治经济学概论 [M]. 陈福生，译. 北京：商务印书馆，1997.

[117] 人民网 – 人民日报. 坚定不移沿着中国特色社会主义道路前进

为全面建成小康社会而奋斗——胡锦涛同志代表第十七届中央委员会向大会作的报告摘登 [EB/OL]. http：//theory. people. com. cn/n/2012/1109/c40531 – 19530534 – 2. html，2012 – 11 – 09.

[118] 邵传林. 农村土地信用合作社兴起的逻辑：来自宁夏平罗县的个案研究 [J]. 农村经济问题（月刊），2010，6（13）：69 – 74.

[119] 神州土地研究院. 中国农村产权流转交易市场发展报告 2017 [M]. 北京：中国农业大学出版社，2017.

[120] 舒尔茨. 改造传统农业 [M]. 梁小民，译. 北京：商务印书馆，2006.

[121] 舒尔茨. 制度与人的经济价值的不断提高 [EB/OL]. http：//www. doc88. com/p – 9942059514120. html，2013 – 11 – 26.

[122] 宋洪远. 经济体制与农户行为：一个理论分析框架及其对中国农户问题的应用研究 [J]. 经济研究，1994（8）：22 – 28.

[123] 宋山梅，王晓娟，张瑞萍. 贵州农村土地流转现状调查玉对策思考 [J]. 农业经济，2009（3）：33 – 34.

[124] 孙瑞玲. 农村土地流转机制的创新研究：在农村土地流转现状调查基础上的思考 [J]. 农业经济，2008（2）：47 – 48.

[125] 田传浩，贾生华. 农地制度、地权稳定性与农地使用权市场发育：理论与来自苏浙鲁的经验 [J]. 经济研究，2004（1）：112 – 119.

[126] 田传浩. 农地制度、农地租赁市场与农地配置效率：理论与来自苏、浙、鲁地区的经验 [M]. 北京：经济学科出版社，2005.

[127] 田野. 警惕土地流转"转速"过快 [EB/OL]. http：//www. nctudi. com/news_show. php/id – 13284，2010 – 12 – 26.

[128] 托马斯·罗伯特·马尔萨斯. 政治经济学原理 [M]. 厦门大学经济系翻译组，译. 北京：商务印书馆，1962.

[129] 汪青松. 土地承包经营权流转方式的制度效果分析：基于流转纠纷司法裁判文书数据挖掘的实证视角 [J]. 农业经济问题，2013（7）：62 – 70.

[130] 王春超，李兆能．农村土地流转中的困境：来自湖北的农户调查［J］．华中师范大学学报，2008，47（4）：51-56．

[131] 王颐．（二十大受权发布）习近平提出，加快构建新发展格局，着力推动高质量发展［EB/OL］．http：//www.news.cn/2022-10/16/c_1129066850.htm，2022-10-16．

[132] 王建香．我国政治型交易费用的地域差异及其成因分析［J］．山东经济，2009（4）：40-46．

[133] 王景新．新世纪中国农村土地制度安排与法律建设［J］．中国农村经济，2000（4）：4-7．

[134] 王诗尧．农业部：截至去年底，全国家庭承包耕地流转面积4.47亿亩［EB/OL］．http：//www.chinanews.com/cj/2016/08-10/7967918.shtml，2016-08-10．

[135] 王世玲．公共财政将向农村倾斜［N］．21世纪经济报道，2005-09-29（6）．

[136] 王腾腾．"小岗"之后38年"三权分置"来了农村土地流转已在成规模进行，或将推动农业现代化变局［N］．南方日报，2016-11-21（A14）．

[137] 王颜齐，郭翔宇．土地承包经营权流转［J］．农业技术经济，2011，（10）：51-53．

[138] 王逸吟，王勇．苏南农地流转纠纷调查［N］．光明日报，2013-09-12．

[139] 王忠林．建立交易平台、完善工作机制、滕州市创新农村土地流转模式［J］．今日中国论坛，2008（12）：102-105．

[140] 王忠林．我国农村集体土地流转制度研究：基于对山东省滕州市农村集体土地流转制度改革的考察［M］．青岛：中国海洋大学出版社，2011．

[141] 威廉·阿郎索．区位和土地利用：地租的一般理论［M］．梁进社等，译．北京：商务印书馆，2005．

[142] 威廉姆斯. 资本主义经济制度 [M]. 段毅才, 王伟, 译. 北京: 商务印书馆, 2002.

[143] 威廉·配第. 赋税论 [M]. 邱霞, 原磊, 译. 北京: 华夏出版社, 2006.

[144] 魏好勇. 一个成功的土地流转范本: 山东省滕州市西岗镇土地流转富农调查 [N]. 中华工商时报, 2007 - 08 - 06 (5).

[145] 魏后凯, 闫坤. 中国农村发展报告: 以全面深化改革激发农村发展新动能 [M]. 北京: 中国社会科学出版社, 2017.

[146] 温铁军. 中国农村基本经济制度研究: "三农" 问题的世纪反思 [M]. 北京: 中国经济出版社, 2000.

[147] 翁士洪. 农村土地流转政策的执行偏差: 对小岗村的实证分析 [J]. 公共管理学报, 2012, 9 (1): 17 - 24.

[148] 吴海燕. 规范农村土地流转, 促进现代农业发展: 对忠县汝溪镇农村土地流转现状的思考 [EB/OL]. http://www. zzxw. net/2016/0114/47250. shtml, 2016 - 01 - 14.

[149] 伍婷. 当前我国农村土地承包经营权流转的现状和建议 [J]. 城市地理, 2014 (16): 12.

[150] 伍振军, 张云华, 孔祥智. 交易费用、政府行为和模式比较: 中国土地承包经营权流转实证研究 [J]. 中国软科学, 2011 (4): 175 - 184.

[151] 夏玉莲, 曾福生. 农地股份合作社经营模式的效益分析: 基于湖南省光明村农地股份合作社的个案研究 [J]. 经济理论与经济管理, 2014 (2): 105 - 112.

[152] 夏玉莲, 曾福生. 农民信息弱势与农地流转收益分配研究 [J]. 当代经济管理, 2013, 35 (8): 62 - 65.

[153] 肖福义. 论土地流转中农民救济机制之建构: 基于法律视觉的考察 [J]. 西南农业大学学报 (社会科学版), 2009, 7 (5): 55 - 58.

[154] 习近平: 决胜全面建成小康社会 夺取新时代中国特色社会主

义伟大胜利——在中国共产党第十九次全国代表大会上的报告 [EB/OL].
http：//www. xinhuanet. com/politics/19cpcnc/2017 – 10/27/c_1121867529.
htm，2017 – 10 – 27.

[155] 熊锦. 湖南乡村旅游与新农村建设的关联互动一体化实证研
究——以长沙市光明村为例 [J]. 全国商情（经济理论研究），2015（8）：
66 – 68.

[156] 徐凤真. 论土地承包经营权流转的制约因素与完善建议 [J].
农村经济，2007（11）：3 – 6.

[157] 徐勇主编，邓大才，赵德建，胡平江，万磊等著. 东平崛起：
土地股份合作中的现代集体经济成长 [M]. 北京：中国社会科学出版
社，2015.

[158] 许恒周. 农民阶层分化、产权偏好与农村土地流转研究 [M].
北京：经济科学出版社，2013.

[159] 许庆，田士超，徐志刚，邵挺. 农地制度、土地细碎化与农民
收入不平等 [J]. 经济研究，2008（2）：83 – 92.

[160] 亚当·斯密. 国富论 [M]. 唐如松等，译. 北京：商务印书
馆，华夏出版社. 2007.

[161] 严碧华，吴冰寒. 小岗村赶潮：互联网 + 土地流转 [EB/OL].
http：//www. msweekly. com/show. html？id = 69605，2016 – 07 – 11.

[162] 杨成林. 交易成本视角下农地流转的机制分析 [J]. 中州学
刊，2014（5）：56 – 61.

[163] 杨秀华. 论物权法中物权法定的基本内涵与适用 [EB/OL].
http：//www. chinacourt. org/article/detail/2014/01/id/1193906. shtml，2014 –
01 – 15。

[164] 杨学成，罗伊·普罗斯特曼，徐孝白. 关于农村土地承包30
年不变政策实施过程的评估 [J]. 中国农村经济，2001（1）：56 – 67.

[165] 姚文，祁春节. 交易成本对中国农户鲜茶叶交易中垂直协作模
式选择意愿的影响：基于9省（区、市）29县1394户农户调查数据的分

析 [J]. 中国农村观察, 2011 (2): 52 -66.

[166] 姚洋. 非农就业结构与土地租赁市场的发育 [J]. 中国农村观察, 1999 (2): 18 -23.

[167] 姚洋. 集体决策下的诱导性制度变迁: 中国农村地权稳定性演化的实证分析 [J]. 中国农村观察, 2000 (2): 11 -18.

[168] 姚洋. 土地、制度和农业发展 [M]. 北京: 北京大学出版社, 2004.

[169] 姚洋. 中国农村土地制度安排与农业绩效 [J]. 中国农村观察, 1998 (6): 1 -10.

[170] 姚洋. 中国农地制度与农村社会保障 [J]. 中国社会科学季刊 (香港), 2000 年秋季号.

[171] 姚洋. 自由、公正与制度变迁 [M]. 河南: 河南人民出版社, 2002.

[172] 叶春辉, 许庆, 徐志刚. 农地细碎化的缘由与效应: 历史视角下的经济学解释 [J]. 农业经济问题, 2008 (9): 9 -15.

[173] 叶剑平, 蒋妍, 丰雷. 中国农村土地流转市场的调查研究: 基于 2005 年 17 省调查的分析和建议 [J]. 中国农村观察, 2006, (4): 48 -55.

[174] 叶剑平, 罗伊·普罗斯特曼, 徐孝白, 杨学成. 中国农村土地农户 30 年使用权调查研究: 17 省调查结果及政策研究 [J]. 管理世界, 2000 (2): 163 -172.

[175] 叶剑平, 田晨光. 中国农村土地权利状况: 合约结构、制度变迁与政策优化: 基于中国 17 省 1956 位农民的调查数据分析 [J]. 华中师范大学学报 (人文社会科学版), 2013, 52 (1): 38 -46.

[176] 约翰·贝茨·克拉克. 财富的分配 [M]. 邵大海, 译. 海南: 南海出版公司, 2007.

[177] 曾福生, 唐浩. 农地流转模式的成因、绩效及发展趋势 [J]. 农业经济与管理, 2010 (1): 29 -37.

[178] 张丁，万蕾. 农户土地承包经营权流转的影响因素分析——基于 2004 年的 15 省（区）调查 [J]. 中国农民经济，2007（2）：24 - 34.

[179] 张富杰. 农村土地流转：特点、经验、问题及对策——基于贵州省平坝县城关镇的调查分析 [J]. 中国农学通报，2009，25（15）：300 - 302.

[180] 张红宇，陈良彪. 中国农村土地制度建设 [M]. 北京：人民出版社，1995.

[181] 张红宇. 中国农村的土地制度变迁 [M]. 北京：中国农业出版社，2002.

[182] 张静. 土地使用规则的不确定性：一个解释框架 [J]. 中国社会科学，2003（1）：113 - 124.

[183] 张敏，董建博. 绩效分析：农村公共产品供给的实证研究 [J]. 山东省农业管理管部学院学报，2010，27（2）：27 - 29.

[184] 张谋贵. 论我国农村集体土地使用权的流转 [J]. 毛泽东邓小平理论研究，2003（5）：50 - 54.

[185] 张谋贵. 小岗村改革的新制度经济学解释：纪念改革开放 30 周年 [J]. 经济理论与经济管理，2008（8）：40 - 44.

[186] 张五常. 佃农理论：应用与亚洲的农业和台湾的土地改革 [M]. 北京：商务印书馆，2002.

[187] 赵建成. 农村土地流转问题与对策分析——以河北省易县为例 [J]. 安徽农业科学，2009，31（24）：11732 - 11733，11735.

[188] 赵俪生. 中国土地制度史 [M]. 武汉：武汉大学出版社，2013.

[189] 赵德馨. 中华人民共和国经济史（1967—1984）[M]. 河南：河南人民出版社，1989.

[190] 郑佳佳，何炼成. 政府认知视角下我国农地制度的历史变迁 [J]. 贵州财经学院学报，2009（4）：81 - 85.

[191] 中共中央. 中共中央关于做好农户承包地使用权流转工作的通知 [EB/OL]. https：//code. fabao365. com/law_238331_1. html，2001 - 12 - 30.

［192］中国国土资源报.新疆沙湾县农村土地整治掠影［EB/OL］. http：// zrzyt. xinjiang. gov. cn/xjgtzy/mtxc/201210/8628c53933e34031a9b033 555b8a42ac. shtml，2012 - 10 - 29.

［193］中国农业新闻网.2004 年 - 2016 年间对于农地流转相关阐述 的中央一号文件［EB/OL］. http：//www. farmer. com. cn/，2016 - 01 - 28.

［194］中华人民共和国农业部.中国农业年鉴2012［M］.沈阳：辽宁 教育出版社，2013.

［195］中华人民共和国农业农村部.对十三届全国人大四次会议第 3980 号建议的答复［EB/OL］. http：//www. moa. gov. cn/govpublic/FZJHS/ 202107/t20210713_6371687. htm，2021 - 07 - 07.

［196］中华人民共和国农业农村部.2016 年农村家庭承包耕地流转及 纠纷调处情况［EB/OL］. http：//www. hzjjs. moa. gov. cn/nyshhfw/201904/ t20190418_6182624. htm，2018 - 01 - 05.

［197］钟甫宁，王兴稳.现阶段农地流转市场能减轻土地细碎化程度 吗？——来自江苏兴化和黑龙江宾县的初步证据［J］.农业经济问题， 2010，31（1）：23 - 32.

［198］钟涨宝，汪萍.农地流转过程中的农户行为分析：湖北，浙江 等地的农户问卷调查［J］.中国农村观察，2003（6）：55 - 64.

［199］朱斌，焦柱.我国农村土地流转现状实证分析［J］.经济研究 导刊，2008（18）：62 - 63.

［200］朱隽.农业部：土地流转要充分尊重农民意愿［EB/OL］. http：//finance. sina. com. cn/g/20090802/09276559763. shtml，2009 - 08 - 20.

［201］Zvi Lerman，Natalya Shagaida，张迪.俄罗斯的土地政策和农 业土地市场［J］.国土资源情报，2007（3）：12 - 19.

［202］Alchian, A. A. and H. Demsetz. The Property Right Paradigm［J］. The Journal of Economic History，1973，33（1）：16 - 27.

［203］Arthur T. Denzau and Douglass C. North. Shared Mental Models：Ideologies and Institutions［R］. Working Papers for The Center of The Study of

Political Economy, Washington University, 1993, 47 (1): 3 – 31.

[204] Badstue, L. B. Identifying the Factors that Influence Small-scale Farmers Transaction Costs in Relation to Seed Acquisition: An Ethnographic Case Study of Maize Growing Smallholders in the Central Valleys of Oaxaca [J]. Mexico, ESA Working Paper, The Food and Agriculture Organization, 2004: 4 – 16.

[205] Bailey, V. D. and Hunnicutt, L. The Role of Transaction Costs in Market Selection: Market Selection in Commercial Feeder Cattle Operations [J]. Paper Presented at Annual Meeting of The American Agricultural Economics Association in Long Beach, 2002 (7): 28 – 31.

[206] Besley, T. Property Rights and Investment Incentives: Theory and Evidence form Ghana [J]. Journal of Political Economy, 1995, 103 (5): 903 – 937.

[207] Binswanger, H. P. , Deininger, K. , Feder, G. Revolt and Reform in Agricultural Land Relations [J]. Handbook of Development Economics, 1995, 3 (95): 2659 – 2772.

[208] Buck, J. L. Land Utilization in China [M]. Council on Economic and Cultural Affairs, New York, 1937.

[209] Casson, J. F. Controlled Appellation Versus Freedom of Choice. What Best Servers The Interests of The Consumer [J]. Journal of Wine Research, 1991, 2 (1): 51 – 80.

[210] Coase, R. H. The Nature of Firm [J]. Economics, 1937, 4 (16): 386 – 405.

[211] Coase, R. H. The Nature of Firm: Origins, Meaning, Influence [J]. Journal of Law Economics and Organization, 1988, 4 (1): 3 – 17.

[212] Coase, R. H. The Problem of Social Cost in The Firm, The Market, and The Law [M]. Chicago and London: The University of Chicago Press. 1960.

[213] Coase, R. H. The Problem of Social Cost [J]. Journal of Law and Economics, 1961 (3): 1 - 44.

[214] Cole, Harold L. and Kehoe, Patrick J. The Role of Institutions in Reputation Models of Sovereign Debt [J]. Journal of Monetary Economics, 1995, 35 (1): 45 - 64.

[215] Deininger K, Jin S. The Potential of Land Rental Markets in the Process of Economic Development: Evidence from China [J]. Journal of Development Economics, 2005, 78 (1): 241 - 270.

[216] Demsetz, H. Toward a Theory of Property Rights [J]. The American Economic Review, 1974, 57 (2): 347 - 359.

[217] Dong, X. Two-tier Land Tenure System and Sustained Economic Growth in Post - 1978 Rural China [J]. World Development, 1996, 24 (5): 915 - 928.

[218] Eggertsson, T. Mental Models and Social Values: North's Institutions and Credible Commitment [J]. Journal of Institutional and Theoretical Economics, 1993, 149 (1): 24 - 28.

[219] Ellis, F. Peasant Economics [M]. Cambridge University Press, 1998.

[220] Fama, E. F. Agency Problems and The Theory of The Firm [J]. Journal of Political Economy, 1980, 88 (2): 288 - 307.

[221] Feder, G. and Feeney, D. Land Tenure and Property Rights: Theory and Implications for Development Policy [J]. World Bank Economic Review, 1991, 5 (1): 135 - 153.

[222] Feder, G. and Feeney, D. The Theory of Land Tenure and Property Rights [J]. World Bank Economic Review, 1993, 5: 135 - 153.

[223] Fleisher B. M. and Liu, Y. Economies of Scale, Plot Size, Human Capital and Productivity in Chinese Agriculture [J]. Quarterly Review of Economics and Finance, 1992, 32 (3): 112 - 123.

[224] Furubotn, E. G. and Pejovich, S. Property Rights and Economic

Theory: A Survey O Recent Literature [J]. Journal of Economic Literature, 1972, 10 (4): 1137 –1162.

[225] Furubotn, E. G. and Richter, R. Institutions and Economic Theory: The Contribution of The New Institutional Economics [M]. University of Michigan Press, 2010.

[226] Gabremadhin, E. Z. Transaction Costs and Market Institutions: Grain Brokers in Ethiopia [R]. Market and Structural Studies Division, International Food Policy Research Institute, Washington, D. C. Discussion Paper No. 31, 1999.

[227] Gong, Wen, Parton, K. , Cox, R. J. and Zhou, Z. Transaction Costs and Cattle Farmers' Choice of Marketing Channels in China [J]. Management Research News, 2007, 30 (1): 47 –56.

[228] Hayek, F. A. The Fatal Conceit: The Errors of Socialism, Chicago [M]. The University of Chicago Press, 1988.

[229] Hobbs, J. E. Measuring the Importance of Transaction Costs in Cattle Marketing [J]. American Journal of Agricultural Economics, 1997, 79 (4): 1083 –1095.

[230] Holden, S. T. , Otsuka, K. and Place, F. M. The Emergence of Land Markets in Africa: Assessing The Impacts on Poverty and Efficiency [M]. Resources for The Future, New York, 2009.

[231] Joshua, M. D. , Eleonora, M. , et al. . Price Repression in The Slovak Agricultural Maeket [J]. Land Use Policy, 2003, 21 (1): 59 –69.

[232] Katrina Mullan, Pauline Grosjean, Reas Kontoleon. Land Tenure Arrangements and Rural – Urban Migration in China [J]. World Development. 2011, 39 (1): 123 –133.

[233] Klaus, D. , Jin, S. J. , Hari, K. N. Efficiency and Equity Impacts of Rural Land Rental Restrictions: Evidence from India [J]. European Economic Review, 2008, 52 (5): 892 –918.

[234] Klaus D. , Jin S. J. The Potential of Land Rental Markets in The Process of Economic Development: Evidence from China [J]. Journal of Development Economics, 2005, 78 (1): 241 - 270.

[235] Kung, J. K. Egalitarianism, Subsistence Provision and Work Incentives in China's Agricultural Collectives [J]. World Development, 1994, 22 (2): 175 - 187.

[236] Kung. J. K. S. Common Property Rights and Land Reallocation in Rural China: Evidence from a Village Survey [J]. Word Development, 2000, 28 (4): 701 - 719.

[237] Lerman Z, Shagaida N. Land Policies and Agricultural Land Markets in Russia [J]. Land Use Policy, 2007, 24 (1): 14 - 23.

[238] Li, G. Land Rights, Tenure and Leaders in China [R]. Working Paper, Food Research Institute, Stanford University, 1997.

[239] Li, G. , Rozelle, S. and Brandt, L. Tenure, Land Rights and Farmer Investment Incentives in China [J]. Agricultural Economics, 1998, 19 (1 - 2): 63 - 71.

[240] Liu, S. , Carter, M. R. and Yang, Y. Dimensions and Diversity of Property Rights in Rural China: Dilemmas on The Road to Further Reform [J]. Word Development, 1998, 26 (10): 1789 - 1806.

[241] Lu, H. L. A Two - Stage Value Chain Model for Vegetable Marketing Chain Efficiency Evaluation: A Transaction Cost Approach [R]. Contributed Paper Prepared for Presentation at The International Association of Agricultural Economists Conference, Gold Coast, Australia, August, 2006: 12 - 18.

[242] Lynch, L. and Lovell, S. J. Combing Spatial and Survey Data to Explain Participation in Agricultural Land Participation Programs [J]. Land Economics, 2003, 79 (2): 259 - 276.

[243] Mcpeak, J. G. and Doss, C. R. Are Household Production Decisions Cooperative? Evidence on Pastoral Migration and Milk Sales from North-

ern Kenya [J]. American Journal of Agricultural Economics, 2006, 88 (4): 525 – 541.

[244] Nguyen, T. , Cheng, E. and Findlay, C. Land Fragmentation and Farm Productivity in Chinese in The 1990s [J]. China Economic Review, 1996, 7 (2): 169 – 180.

[245] North, D. C. Structure and Change in Economic History [M]. New York, Norton, 1981.

[246] Putterman, L. The Role of Ownership and Property Rights in China's Economics Transitional [J]. China Quarterly, 1995, 144 (144): 1047 – 1064.

[247] Rahman S. Determinants of Agricultural Land Rental Market Transactions in Bangladesh [J]. Land Use Policy, 2010, 27 (3): 957 – 964.

[248] Simon, H. A. Rational Choice and The Structure of The Environment [J]. Psychological Review, 1956, 63 (2): 129.

[249] Simons, S. Land Fragmentation and Consolidation: A Theoretical Model of Land Configuration with an Empirical Analysis of Fragmentation in Thailand [D]. University of Maryland, College Park. 1987.

[250] Smith, A. An Inquiry into The Nature and Causes of The Wealth of Nations [M]. Oxford: Clarendon Press, 1976.

[251] Stefan K. , Jesua A. , Klaus S. , Norbert R. Impacts of 2003 CAP Reform on Land Rental Prices and Capitalization [J]. Land Use Policy, 2012, 29 (4): 789 – 797.

[252] Stephen R. B. , Bradford. B. , Carter, M. R. The Impact of "Market – Friendly" Reforms on Credit and Land Markets in Honduras and Niearagua [J]. World Development, 2005, 33 (1): 107 – 128.

[253] Sugden, R. Spontaneous Order [J]. Journal of Economic Perspective, 1989, 3 (4): 85 – 97.

[254] Vakis, R. , Sadoulet, E. and Janvry, A. D. Measuring Transactions Costs from Observed Behavior: Market Choices in Peru [J]. Working Papers,

University of California Berkeley, 2003.

[255] Wallis, J. J. and North, D. C. Measuring the Transaction Sector in the American Economy, 1987 – 1970 [J]. National Bureau of Economic Research, 1986, 408 (408): 95 – 162.

[256] Williamson, O. E. Markets and Hierarchies: Analysis and Antitrust Implications [M]. University of Pennsylvania. London: Collier Macmillan Publishers, 1975.

[257] Williamson, O. E. The Economic Institution of Capitalism: Firms, Markets, Relational Contracting [M]. China Social Sciences New York and London: Free Press, 1985.

[258] Williamson, O. E. Transaction – Cost Economics: The Governance of Contractual Relations [J]. Journal of Law and Economics, 1979, 7 (2): 233 – 262, 61.

[259] Willock, J. , Deary, I. J. , Edwards – Jones, G. , Gibson, G. J. , McGregor, M. J. , Sutherland, A. , Barry Dent, J. , Morgan, O. and Grieve, R. The Role of Attitudes and Objectives in Farmer Decision Making: Business and Environmentally – Oriented Behavior in Scotland [J]. Journal of Agricultural Economics, 1999, 50 (2): 286 – 303.